U0724790

重庆市职业教育学会规划教材 / 职业教育传媒艺术类专业新形态教材

新闻传播专业职业认知与素养

XINWEN CHUANBO ZHUANYE ZHIYE RENZHI YU SUYANG

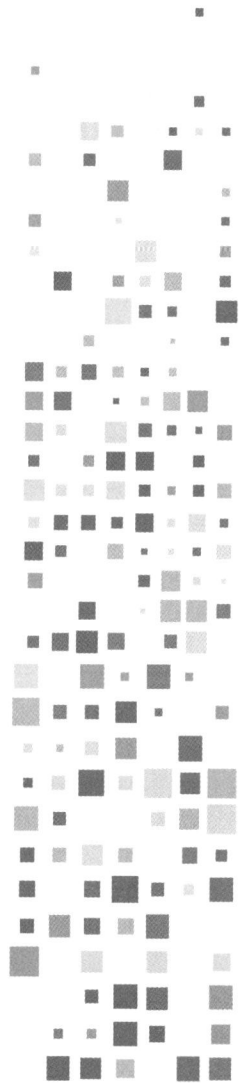

主 编 李 崟 杨 诗

副主编 刘 萃 冯启晏 陈 芸

重庆大学出版社

国家一级出版社
全国百佳图书出版单位

图书在版编目（CIP）数据

新闻传播专业职业认知与素养 / 李崑，杨诗主编
. --重庆：重庆大学出版社，2022.8
职业教育传媒艺术类专业新形态教材
ISBN 978-7-5689-3446-6

Ⅰ.①新…　Ⅱ.①李…②杨…　Ⅲ.①新闻学—传播
学—高等职业教育—教材　Ⅳ.①G210

中国版本图书馆CIP数据核字（2022）第136443号

职业教育传媒艺术类专业新形态教材

新闻传播专业职业认知与素养

主　编：李　崑　杨　诗
副主编：刘　萃　冯启晏　陈　芸
策划编辑：蹇　佳
责任编辑：张洁心　　版式设计：蹇　佳
责任校对：王　倩　　责任印制：赵　晟

*

重庆大学出版社出版发行
出版人：饶帮华
社址：重庆市沙坪坝区大学城西路21号
邮编：401331
电话：（023）88617190　88617185（中小学）
传真：（023）88617186　88617166
网址：http：//www.cqup.com.cn
邮箱：fxk@cqup.com.cn（营销中心）
全国新华书店经销
重庆长虹印务有限公司印刷

*

开本：787mm×1092mm　1/16　印张：9.5　字数：181千
2022年8月第1版　　2022年8月第1次印刷
印数：1—3 000
ISBN 978-7-5689-3446-6　　定价：35.00元

前　言

互联网技术的飞速发展，使人类社会进入"社交媒体时代"，信息传播方式逐渐由工业社会以人众媒介为中心、单向的"垂直传播"，向网络社会以多维度互动为基础的"水平传播"转移，对原有传媒行业的生产与运营模式均产生了巨大的冲击和影响。

传媒行业巨大变革推动媒体组织的转型、传媒从业者职业理念和技能的转变，同时也向职业高等教育新闻传播人才培养提出了更新、更高的要求。面对新业态，当代学习者需在学习上投入更多的时间和精力，以提升就业竞争力。

就业竞争力的核心是职业能力，职业能力的提升极大程度上取决于"学习态度"与"学习方法"，而刚进入专业学习阶段的学习者，往往面临理想与目标模糊、方法不合理、时间分配不平衡等问题，甚至引发学习者对接受职业教育和自我从事新闻传播专业学习的怀疑，影响学习者的情感、行为和学习效果。

基于此，我们编写了这本手册，将"职业认知"与"专业素养"相结合，既谈及有关传媒行业、新闻传播专业课程、学习评价、学习者自我认知的必要内容，也涵盖新闻传播类专业学习和将来工作所需的专业素养，比如时间管理、团队合作、信息研究、演讲与展示等。

本手册旨在帮助学习者尽快适应高等职业教育阶段的学习，找准自己的专业方向，拟订学业规划，提升学习能力，并为提升职业能力奠定基础，亦希望为新业态下传媒从业人员提升专业素养提供些许借鉴。

参与编写本手册的有李崑、杨诗、刘萃、冯启晏、陈芸等。身处新传播时代，我们也在努力学习中，真诚希望各位读者提出意见和建议，有助于改进和完善这本手册。

编　者

2022 年 1 月

目 录
CONTENTS

行动：目标、规划和自我管理

参考文献

准备：取得成功的 7 步

本手册为帮助你在高等职业教育专业学习中做得更好而编写。在新的学习阶段开始之际，你可能会感到兴奋，或许也有点担心。这本手册将从一开始就尽力帮助你取得更佳学习成果，这将成为你之后的学习，乃至未来事业的重要基石。

提示

专业课堂学习之余，不要丢开这本册子！

强烈建议你按自己的节奏持续使用本手册。认真完成每个学习活动，试着沉浸其中，定能找到你之所需；在后续的学习中，如果遇到难题或有疑问，你也可以回头翻翻这本手册，也许会有所启发。

关于这本手册

每一门专业课程都有"课程标准"，会对"学习任务"作出详细说明。课程开始时会有开课说明环节，指导教师将阐释有关学习任务的重要信息，但你可能很难一次性记住所有的东西，当你需要回顾和深入理解某些课程信息时，就会发现本手册的价值。

本手册尽力提供有关传媒行业、新闻传播类专业、专业课程、学习评价的必要内容，亦涵盖学习和工作所必需掌握和不断提升的技能，比如时间管理、团队合作、信息研究、准备演示文稿和演讲等基本职业技能。

按手册式结构组织内容版块，注重引导和提示，也方便你随时查看与你的专业学习相关的拓展内容。

- 提示：提醒与建议，让你更轻松拓展。
- 案例：提供与你的专业学习和职业领域相关的信息。
- 要点：帮助你专注于基本要素。
- 链接：拓展你的视野。
- 学习活动：测试你的知识和技能，测试你的理解力。
- 参考答案：核对和检查你的学习活动完成情况。

本手册主要面向新闻传播大类专业，也适用于其他数字创意产业相关的专业。手册内容包括专业学习需要的主要技能、来自专业教师的提示、学习任务示例、学习活动和案例等。学习活动均可由自评或互评来检查自己的学习效果。所有案例均为真实案例，但为尊重当事人，隐去了姓名等所有的个人信息。

🔑 要点

本手册的学习指南分为 7 步：
- 了解你的专业
- 熟悉你的课程
- 认识你自己
- 分配时间和资源
- 提升你的技能
- 研究和分析信息
- 团队合作与展示

本手册的每一部分，都涉及传媒相关专业学习的关键方面。所以，无论课内课外，请遵循此步骤，集中精力，一步一步地把事情做好。

关于专业和专业方向

选择新闻传播类专业，是一个明智的决定。传媒行业日新月异，传媒产品的高投

入和大规模生产，以及媒体融合运营，都需要大量的专业人员来承担众多岗位的多种技术技能工作。（参见"了解你的专业"部分）

通过三年的努力学习，你将具备信息架构、媒体策划、文案写作、摄影、摄像、音视频剪辑、新闻图表、故事本绘制、原画设计、插画设计、二维动画制作、三维美术制作、动画制作、视觉包装、媒体运营等实际工作能力，并极有可能特别擅长其一，还将对动画动漫、游戏美术和视觉特效等前沿技术有所涉猎，对全媒体运营师等新职业有所了解。（参见"熟悉你的课程"部分）

这将保证你能够进入影视制作公司、网络传媒公司、动画公司、漫画公司、游戏公司、广告公司、新媒体平台、企业宣传部门、地区媒体机构等，从事新闻传播、动画制作、插漫画绘制、游戏制作开发、数字视听节目制作、新媒体运营等传媒第一线工作。当然，你也可以选择建立团队自主创业，或通过专升本考试进入本科院校的传媒或设计类专业学习。

你可能打算通过全面而扎实的学习为将来升入本科打下基础，或者你早已选定了特定的专业方向，也可能你目前只考虑到传媒产业的一小部分，比如拥有最广大受众的电影电视业或者当前最流行的网络视频行业。其实，传媒行业提供了很多不同的职业道路，将满足你不同的兴趣，实现你不一样的未来。

我们强烈建议你先打好全面而扎实的专业基础，但如果你想尽早确定一种你更感兴趣的专业方向，那么以下是一些你可以考虑的工作岗位：

• 静态影像生产——摄影师、灯光师、数码照片后期制作……

• 影视制作——摄像师、编剧、导演、剪辑师、美术师、视觉特效团队的一员……

• 动画、动漫制作——编剧、概念设计师、原画师、分镜师、动画师、动漫师、特效师、剪辑师……

• 游戏美术设计——策划、UI 设计师、动画师、特效师、游戏运营……

• 媒体包装——新媒体美术编辑、影视包装……

• 传播、推广与运营——记者、媒体编辑、广告策划、传媒运营团队的一员……

• 发展岗位——媒体内容生产部门主管、导演、制片人、全媒体运营师、新媒体平台运营经理……

以上这些工作岗位大多要求你成为大型团队的一员。当然，你也可以选择独立工作，或者建立自己的小团队。但是，自主创业意味着你必须担任多个工作角色，你要做好充分的准备。

提示

某些岗位可能同时存在于不同的工作领域。比如，动画师、特效师可以在影视、交互媒体或游戏等领域工作；摄影师可以在影楼、剧组、杂志社或网站工作，范围更广。

在本手册的帮助下，从现在开始，努力提升自己的能力，一定会实现你的职业理想。

学习活动

选择什么样的专业道路？也许你还没考虑成熟。没关系，请先在下表中初拟一下你的打算。

我们刚才谈到的哪些工作对你有吸引力？为什么？
就以上这些工作意向，可以初选一个专业方向是：
选择此专业方向的主要原因是什么？
选择此专业方向，你可能会获得什么工作？或者可能进入哪些工作领域？
据你现在所知，在本专业三年学习中，你最期待的是什么？

关于专业技能

当你遵循你的专业方向，完成三年专业学习时，你将具备较为广泛的专业技能。比如，你将具备一定的信息调研能力、创意能力、写作技能、绘画技能、操作专业设备和使用专业软件的技能、视觉化沟通的技能等等，并可能特别擅长其中之一。

无论你在哪个具体专业、选择哪个专业方向，传媒行业的许多工作都依赖于 IT（Information Technology，信息技术），因此你必须花大量的时间和精力来培养和不断提升你的 IT 技能：

- 文字处理和文档编辑
- 数字图像处理
- 音视频编辑
- 动画制作
- 数字调色
- 视觉效果设计制作

……

有些专业方向，比如游戏美术设计、影视后期制作、新媒体美术编辑等，将会更多地以 IT 技术为重点。

要记住，你不可能擅长一切。比如，有些人可能掌握计算机技能比其他人更快，却在创意和写作方面不太有信心。不管怎样，最重要的是你对提升技能所投入的努力，特别是在那些你觉得自己较弱的领域。

学习活动

自我评估，认识你自己的能力基础。请用关键词回答下列问题。

a. 通过高中或中职阶段的学习，你自认为哪些方面的能力较强？

b. 以前是否参与过什么实践或学习活动，有助于以上技能的发展？

c. 在这些你参与过的实践活动中, 哪一项是你最喜欢或现在仍然很感兴趣的?

个性、学习和思考能力 (PLTS) 在传媒行业工作中至关重要, 因为团队合作、创造性思维、高效参与讨论和提案展示等都依赖于此。当然, 还有语言文字、沟通能力等所有学习者都应当培养的基本职业技能, 不管选择什么专业方向, 这些对你未来的职业发展都很重要。(参见"提升你的技能"部分)

🔑 要点

请特别注意发展:

• 创意开发能力

在传媒行业为一个新项目工作, 无论是文案、剧本、故事板、网络视频、电视剧甚至电影, 你都需要能够提出和发挥各种创意。

• 团队协作能力

团队合作在许多传媒制作部门都是关键因素。影视、动画团队包括制片人、导演、编剧、摄影师和动画师等等; 新闻团队由记者、编辑、主播、播控等组成; 综艺主持人依赖于媒体调研和策划人员、导播、摄像和录音师等等; 网络平台也依赖程序员使其正常运转。

• 信息研究能力

调查与研究是传媒生产的前提。无论你是研究网站、视频、电子杂志, 或者为新的商业摄影、网络游戏项目寻找创意, 找到适应于当下传播环境、目标受众感兴趣的内容与形式都是必要的工作。

• 规划与时间管理

截止时间在传媒行业中至关重要。除保证新闻的时效性外, 无论是推出杂志、游戏或电影, 电视或电台的广播, 或是推放广告, 时间规划同样至关重要。不仅要确保按期完成, 而且要保证传媒产品的质量, 以满足客户和受众的需求。

• 沟通和展示技巧

书面和口头交流总是贯穿于传媒生产的全过程。无论是前期设计阶段需要向客户或其他组织人员提案, 还是制作完成后的推广发布活动, 沟通与展示都是传媒人员的必备技能。

实际上, 除了事关未来在媒体行业生存外, 以上技能与你现阶段如何高效地学习、合作实践等都息息相关。

第1步　了解你的专业

案例

被混淆的"职业"与"行业"

一位学长的求职简历上写着：

"求职意向——影视公司，广告公司，影楼，文化传媒公司，企业企划宣传部门，与影视制作相关的单位……"

讨论

既然是求职意向，那么以上罗列的是职业吗？

这样写恰当吗？你觉得怎么表达好一些？

1.1　行业、职业、专业

1.1.1　职业与行业

我们常常会混淆行业和职业，实际上这两者是有很大区别的。行业是"最大国民经济因素"，而职业是我们要从事这个"行业中的具体职位"。

行业是按工作对象来划分，比如 IT 行业、传媒行业；职业是按工作职能来划分，比如工程师、摄影师、教师。

提示

在个人发展规划中，行业的选择应该优先于职业的选择。因为，行业改变的代价大，而职业的转变代价则要小得多。比如一位本专业的老师，转去做摄影师相对容易，想要成为建筑学老师却非常困难。

1.1.2 专业与职业

专业是指高等学校所分的学业门类，也指某人主要研究某种学业或从事某种事业。专业与职业具有较大的相关性。如果说职业是目的地，那么专业就是途径，专业学习就是积累职业目标所需要的知识和技能。然而，专业与职业并非一一对应，而是呈现一对一、一对多、多对一等复杂的关系。

1. 一对一

一个专业对应一个职业目标，比如烹饪专业毕业后只合适成为一名厨师。此类职业的技术含量比较高，也比较单一。

2. 一对多

一个专业可以对应多个职业目标，比如广播影视节目制作专业毕业后可能成为摄影师、剪辑师、编辑、编剧……这类专业的毕业生，就业的选择性是比较大的，但单纯的宽泛往往使得竞争力不够强。你应当从现在开始就注意，只有"厚基础、有专长"才能造就"宽口径"。

3. 多对一

多种专业都可以发展到某一种职业，这类职业一般属于管理型人格的职业。比如许多专业的毕业生都可能成为新闻记者、编剧、运营主管……这要求你先确定职业目标、再确定专业方向，在学业规划中采取主动。

1.1.3 如何看待你的专业

专业的衡量没有统一标准，但可以就三种维度来判定。

1. 自我维度

如果你对某专业有非常强烈的兴趣，那么，不管这个专业的现状、未来发展如何，你都会认定和选择这个专业。以个性为导向，依据个人兴趣、爱好或特长而定，不受外界环境的影响，这就是自我维度。

2. 需求维度

如果某专业的人才是供小于求，社会需求很旺盛，那么这一专业就是"热门"，就会有人基于需求维度而选择这个专业。当然，人力资源供求关系是随着产业结构调整、行业发展变化，以及相关专业毕业生数量的变化而变化的。

3. 职业维度

也有人用以后所对应的职业所具有的声望来判定专业。某专业对应职业的工资高、工作环境好、社会地位高，就是认可和选择的标准。

基于三个不同维度选择专业，对你的学业规划是有很大影响的。

如果你是"自我维度"，那么你不会受周围环境影响，会更容易坚定自己的专业兴趣，坚定自己的职业理想。

如果你是"需求维度"，那么你必须经常关注供求关系的变化，知道有多少同层次的人才将与你竞争，知道社会需求在如何变化，并做好应对的准备。

如果你是"职业维度"，那么你应当明白，只有具备较强的职业竞争力，才可能获得理想的职业。因为你选择的专业所对应的职业，是社会普遍认可的，社会需求非常旺盛，竞争激烈。

学习活动

你是基于哪个维度选择本专业的？在以下空白处简单写一写。然后展开讨论，与你的同学交流一下。

提示

本部分内容主要涉及职业认知，那么认识什么？知道什么？

你应该熟悉行业生存环境；认识未来的自己；找到前行的方向。

学习活动

认识你的专业和行业。

a. 请仔细阅读，并尽力理解和记忆以下内容。

传播

传播是指两个相互独立的系统之间，利用一定的媒介和途径所进行的、有目的的信息传递活动。

媒介

媒介是传播信息符号的物质载体，指的是信息传递的载体、渠道、中介物、工具或技术手段。按美国传播学家威尔伯·施拉姆（Wilbur Schramm）的见解，"媒介就是传播过程中，用以扩大并延伸信息传送的工具"。

媒介包括两方面要素：一是包含媒质所携带信息或内容的容器，比如书、相片、磁带、胶片、光盘、储存卡等；二是用以传播信息的技术设备、组织形式或社会机制，包括通讯类（电报、电话、传真、电子邮件、可视电话、移动电话等）、广播类（布告、报纸、杂志、无线电、电视等）和网络类三大类。在当代一般而言，媒介指用以向大众传播消息或影响大众意见的大众传播工具。

媒体

媒体是指信息的采集、加工制作和传播的社会组织，更多是指从事新闻传播的专业机构。比如，报社、电视台等。

传媒

传媒包含媒体（传播机构、传播组织）与媒介（载体、手段、渠道），更多是指"大众传播媒介"。广义的大众传媒包括图书、报纸、杂志、广播、电影、电视、互联网媒体等。

新闻

新闻是指报纸、电台、电视台、互联网等媒体经常使用的记录与传播信息的一种文体，是反映时代的一种文体。其本质是客体未知的信息，具有真实性、简明性、及时性的特点。广义上，除发表于报刊、广播、互联网、电视上的评论与专文以外的常用文本都属于新闻，包括消息、通讯、特写等。

广播

广播，可以理解为一点对大众的传播方式。广播电视是通过无线电波或导线传播声音、图像、视频的传播工具。只播送声音的，称为声音广播；播送图像和声音的，称为电视广播。

影视

影视是以拷贝、磁带、胶片、存储器等为载体，以银幕、屏幕以及新媒体平台放映为目的，从而实现视觉与听觉综合观赏的传播形式，是现代艺术的综合形态，包含了电影、电视节目、动画等形式。

> **新媒体**
>
> 　　新媒体，或称为数字化新媒体，就是相对于传统媒体（报刊、广播、电视等）而发展起来的一种新的媒体形态，比如网络媒体、手机媒体、数字电视等。新媒体利用数字技术、网络技术，通过互联网、局域网、卫星等渠道，以及电脑、手机等终端，为用户提供信息和娱乐服务。
>
> **自媒体**
>
> 　　自媒体，又称"公民媒体"或"个人媒体"，是为个体提供信息生产、积累、共享、传播内容兼具私密性和公开性的信息传播方式。自媒体是私人化、平民化、普泛化、自主化的传播者，以现代化、电子化的手段，向不特定的大多数或者特定的单个人传递规范性及非规范性信息的新媒体的总称。博客、微博、微信、贴吧等等都属于自媒体平台；自媒体技术已经成为互联网时代必不可少的技术。

b. 基于以上阅读理解，反思和讨论：

如何看待"影视"？你认为影视的本质是艺术、技术，还是其他什么？

如何解释"网络新闻"？你如何看待新闻与传播的关系？

"动画"和"动漫"有何关系？有何区别？

据你所知，"传媒"与"设计"有何关系？有何不同？

1.2　如何看待影视行业——工业化

　　影视是工业文明的产物，影视产品的高投入、大制作、高产出，充分体现了工业化生产的特点。工业化是影视行业的发展趋势，也是影视业的高级形态。

1.2.1　影视工业化

　　影视的工业化至少是项目化、标准化、流程化：

　　•投入与产出按商业化模式运行，将"综合艺术品"变为产品和商品运作，极力控制成本的同时获得高"盈利（包括社会价值和经济价值）"。

　　•有生产体系，有工业化标准，有既定的流程，各生产部门、各工种有序并协同工作，能够按照需求生成标准化的影视产品。

　　广义上的影视工业指：围绕影视作品所进行的生产、营销、发行、后产品开发等一系列产业链环节、厂商及相关服务所构成的工业体系。

狭义上的影视工业指：围绕影视作品的生产所需要的所有产品及服务，包括前期制作、后期制作、成品制作等环节所需要的设备技术服务及厂商等所构成的影视生产工业体系。

🔑 要点

衡量国家或地区的影视工业化发展水平的标志：
- 咨询业：影视产业咨询业的成熟是最重要的标志。
- 专业化：各环节的专业化程度，比如技术、人员、设备等。
- 影响力：影视业在国内乃至国际上的影响力大小，包括经济产值、文化产值、跨行业影响力等。
- 法治环境：相关影视传播的法制是否完备。
- 生产能力：是否具有相当的影视产品产量，以及后产品营销能力。

我国的影视工业化，正处在高速发展的上升阶段，但仍有一些因素制约着影视工业化进程：

- 人员素质原因，经济增长使得影视技术进步较大，但"圈子化"造成从业人员素质的整体提升不均衡，比如美术、摄影进步明显，编剧发展缓慢。

- 生产方式因素，比如长期沿袭导演为中心的"作坊式"制片方式，难以实现普及的、低成本高标准生产，新产品难产，新生力量成长缓慢。

🔗 链接

延伸阅读

工业化将成国产影视后期工业发展的关键词

1.2.2 影视企业不只是媒体

影视相关企业，可以简单地分为两类，影视传播平台和内容生产企业。

- 影视媒体（传播平台）：电影发行公司（院线）、电视台（电视频道）、视频网站（移动端 APP）、户外视频平台（大屏幕）……

- 影视制作（生产企业）：电影制片厂、影视传媒公司（工作室、广告公司）、影视传媒的生产部门（电视台、视频网站等的节目生产部门）……

以上都是传媒相关专业的就业方向。影视工业化发展进程中，从业人员素质需要较大程度的整体提升，所以我们将"大有可为"。

1.2.3　影片就是产品

将影视视作产业，那么影片（影视节目）就是其产品。影片也是文化商品，广大受众也就是消费者。

🕐 **学习活动**

讨论与归纳影视产品。你看过的影片有哪几类？你知道哪几类？总共分几类？这是按什么标准分类的？

按体裁不同，这些影视产品分为四类，即新闻片（Newsreel）、纪录片（Documentary）、故事片（Fiction）和动画片（Animation）。

1. 新闻片

记录无法重复的事件；由一系列不连贯的镜头组成，这些镜头记录了整个事件的局部；解说词能让这些镜头多少连贯一些，从而使观众可以接受，虽然他们仍然意识到自己正在观看一个不完整的事件。

2. 纪录片（包括常见的宣传片）

不是呈现一件事，而是呈现一连串的在共同动机下所发生的事。同一情境内的素材，真实顺序可做出各种改变。比如：

• 出于共同目的所拍摄的若干情境被组合成一个段落，打断了真实时间的连贯性而得到一种概念上的连贯和统一。

• 打破事件的线性记录，插入一种性质不同的说明性的视觉变化。例如以动画来表现一个不能使用真实元素拍下来的过程。

● 一系列事件通过不同的形式或顺序来重复表现。

案例

纪录片

《舌尖上的中国》

《大国工匠》

3. 故事片（也包括部分影视广告）

经过设计，对事件进行选择、编排和演出，使之成为一系列有关联的情节动作。为了有利于拍摄，每个情境都要经过仔细的设计和排演，其最终目的是为求模仿真实。事实上，观众所看到的是一种更为丰富多彩的"仿真"版本。

案例

故事片

《悬崖之上》

《流浪地球》

4. 动画片

动画是一种综合传媒产品，是工业社会人类寻求精神解脱的产物，它把人、物的表情、动作、变化等分段制作成许多画幅，再连续播放形成运动，集合了绘画、漫画、摄影、电影、音乐、文学、数字媒体等众多艺术特征于一身。早期的动画仅以低龄儿童为目标受众，但随着时代的发展和人们对精神生活的追求，动画现已被不同年龄层次的人群接受和喜爱。因为更容易直观表现和抒发人们的感情，可以把现实不可能看到的转为现实，所以极大地扩展了人类的想象力和创造力。

案例

动画片

《大闹天宫》

《宝莲灯》

1.3　传媒生产工作流程与岗位

大部分的传媒产品生产项目，大致都会经历"前期策划设计（Pre- production）—中期制作（Production）—后期制作（Post-production）—发布与推广（Present）"的工作流程。

1.3.1　设计与制作

前三个设计制作流程，影视、动画、动漫、游戏等项目都具有一定的相似性，但具体的阶段性工作和对应岗位又各具特色。（见"简化的传媒生产方式"部分）

1.3.2　发布与推广

1. 影视剧的发布与推广

影视剧、纪录片的制作方，需要取得发行许可证，选定合适的电视或网络视频平台发布自己的产品；也可以与发行公司、媒体平台合作生产和发行影视产品。

• 一次发行

第一次发行为市场主体。制片公司主要面向中央电视台、省级卫视、知名视频网络平台等。对于社会制片公司而言，第一次发行就完成了全部或绝大部分收益。

• 二次发行

二次发行是指电视台、视频网站等影视传播平台将已购的影视产品在一定权限和时间范围内进行二次销售。比如，购买全省播映权的省级电视台可以向本省地市级电视台出售播映权；或是购买版权的出版机构可以将影视剧出版售卖。

2. 电影的发行

发行方以票房分成或代理发行等协议方式，从制片方手中购买影片发行权，将电影包装为商品，经过影院出售"一次性观影权"给观众。动画大电影的发行也是如此。

3. 动画、动漫的发布推广

这里的动画主要指 TV 和网络动画，不包括动画大电影。主要发布渠道有电视媒体及视频网站等；推广重点在于增强曝光度，提升收视率或点击量。而动漫产品因市场定位、目标受众不同，推广活动多通过微博、微信、贴吧等社交媒介进行，重点在于粉丝运营，在尽量短的时间内塑造 IP（Intellectual Property，本意是知识产权，现多指各种智力创造所形成的品牌，比如适合二次或多次改编开发的影视、动漫、游戏等）。

4. 游戏的发布与推广

• 发行方式

游戏软件不同于传统的纸质出版物，不属于传统电子产品，但是用于娱乐并且依靠电器才能使用。所以，早期的游戏大都是通过各级零售商在实体店进行售卖的。快速崛起的互联网为游戏发行与推广提供了广阔平台。游戏厂商可以通过发行商在线上、线下发行游戏；一些游戏巨头更是早已具备集开发、发行、推广、运维为一体的全产业强大实力。

• 推广渠道

游戏推广的渠道主要有网站、游戏工会、网络直播、信息发布论坛、自媒体、社交软件群发和推介、订阅邮件、发展加盟商、线下标识推广等。

1.4　如何看待新闻传播——视觉化与数据化

在我国，媒体融合已经上升为国家战略。无论是传统媒体还是新媒体，都发生着巨大的变革。

全媒体运营师
新职业信息

1.4.1　新闻已经成为一种产品

受众，指的是信息的接收者。这一概念的产生，本身就具有明显的单向传播判定倾向。中国电视、互联网、手机用户、网民数量已是全球第一，受众的范围和在新闻传播中的地位发生了巨大改变。"受众中心论"认为，互联网时代受众才是传播的主动者，媒介是被动者。受众并非消极地"接受"信息，而是积极地寻求信息为自己所用，甚至进一步完成信息的二次传播。

新闻，在此种时代背景下已经从根本上转变为一种"产品"，而"受众"也成了新闻媒体的"用户"。简而言之，今天的新闻媒体，角色已经转变为产品的生产者，而选择权在用户手中，生产者生产产品，其目的是为市场和用户服务。

1.4.2　新闻内容的视觉化

新闻文体指的是新闻的体裁样式，是新闻事实在新闻报道中呈现的信息内容、表达特色和结构方式的整体形态。新闻文体在媒介融合的推动下呈现出许多创新与发展。在当下，新闻文体发展最为突出的一点就是将"新闻的视觉传达效果"放在了举足轻重的位置上。

传统的新闻媒介以文字为主进行信息的传递和视觉呈现，广播和电视经过声音、图像进行内容呈现。随着媒介融合的发展，在数字媒介技术的作用下，新闻更加注重新闻多元化的视觉传达效果，新闻文体的界限也逐渐变得模糊。

很多媒体推出的新闻都以传播观点为主，这成为媒介融合背景下显现出的新的新闻报道样式之一，以个性化为主要特点，融合了新闻评论、消息、通讯、特写、述评、专访等多种文体，呈现出了全新的新闻文体。

从传统的单一新闻文体到如今的多种新闻文体融合，包括"网络文体""手机文体"等新型新闻报道文体的出现，都将视觉化效果推到了很高的位置，从当下新闻文体中我们能容易地得出"图文并重"是新闻文体的重要理念这一结论，其中图片新闻报道的数量、形式等所占的比重不断加大，以图表、漫画等配以文字的新闻写作方式构成的视觉新闻，成为新闻报道的主要展现方式，比如三维模拟图、数据可视化图表等。

1.4.3　新闻传播的数据化

大数据、云计算、人工智能等技术不断突破传统媒体和新媒体融合的藩篱，构建着数字化、社交化、交互性的智能传媒生态。

1. 数据成为传媒业乃至互联网生态的核心资源

数字技术衍生的媒介产品以数据作为生产依据和标准，无论是信息内容的生产环节、分发机制，或是用户的消费模式。具体而言，传媒生态中数据的运用经历了从"数据新闻"到"数据传播"的变化，即传媒机构不仅单纯地使用数据进行内容生产和创作，同时也将数据的运用作为互联网公司、广告公司等的主要营销策略。采集、利用数据，从而实现用户个性化内容的精准定制，已经实现了"个人日报"（The Daily Me）的预言。

2. 数据决定了传媒行业专业技能的新要求

在专业能力和实用技能上，传统的采、写、编、评、摄、导、录、播已经无法满足部分传媒岗位对从业者的需求。数据思维、数据可视化操作、融合报道策划能力成为各大媒体或者互联网企业选拔人才的新标准和新要求。

密苏里大学新闻学院的研究者分析了 669 条美国媒体发布的招聘信息，研究发现随着大数据和算法技术的推进，用数据讲故事、数据分析、解读数据的能力成为传媒业招聘的重要参考指标。从我国学者刻画的传媒业人才需求图景中可发现，我国传媒业也非常注重从业者认知数据的能力。

1.4.4　全媒体运营

在受众中心化的今天，满足用户对信息筛选的需求，无疑是一切新闻传播媒介必须面对的课题。在今天的媒体环境下，手机成为越来越多用户选择的信息接收渠道。电视开机率、报刊订阅率断崖式下滑，甚至电脑 PC 端的使用率也在逐年下跌。生产新闻产品仅停留在单一媒体传播的层面，是无法满足用户需求的。新闻人需要依据用户需求和接收信息习惯，适当选择媒介渠道，完成新闻产品的生产和传播。选取多个更具传播优势的平台，采取全媒体运营的传播方式，是当代新闻传播的不二选择。

2020 年 2 月 25 日，人力资源社会保障部与市场监管总局、国家统计局联合向社会发布了 16 个新职业，其中有关"全媒体运营师"的职业描述如下：

4-13-05-04　全媒体运营师

定义：综合利用各种媒介技术和渠道，采用数据分析、创意策划等方式，从事对信息进行加工、匹配、分发、传播、反馈等工作的人员。

主要工作任务：

1. 运用网络信息技术和相关工具，对媒介和受众进行数据化分析，指导媒体运营和信息传播的匹配性与精准性；

2. 负责对文字、声音、影像、动画、网页等信息内容进行策划和加工，使其成为适用于传播的信息载体；

3. 将信息载体向目标受众进行精准分发、传播和营销；

4. 采集相关数据，根据实时数据分析、监控情况，精准调整媒体分发的渠道、策略和动作；

5. 建立全媒体传播矩阵，构建多维度立体化的信息出入口，对各端口进行协同运营。

1.5　媒体融合时代的新闻传播工作流程

传统媒体（报社、杂志社、电视台等）对于新闻报道工作有一套较为严格的工作流程，比如召开选题会、采集、撰稿、制作、审稿、发布等。新媒体的崛起，也带来了新闻生产观念、新闻生产流程的更新。

1.5.1　新闻生产观念的更新

过去传统媒体践行的是内容为王、专业化报道，重视新闻的采编、发行和经营；以互联网为依托的新媒体则关注用户、互动、分享、传播渠道，重视流量和盈利。两种模式既有交叉，也有不同。

1. 用户思维取代受众思维

传统的"二元传授"关系被逐渐打破，媒体不能像过去一样生产自己想要的内容，而是要生产用户需要的内容。

以"澎湃新闻"为例，其网页版顶端以横条幅形式呈现主栏目，便于用户以最快的速度了解分类，找寻自己喜爱的专题；而在 APP 移动端上，所有栏目被折叠起来，澎湃将用户订阅的栏目显示在首页顶端，提高用户体验，实现个性化首页的私人定制。

由于技术和经济因素，自媒体对重大议题或者突发新闻事件往往只会"蹭热度"，博取眼球、增加流量，而事件后续的发展却往往被遗忘，忽略公众对真相的渴求，公众的知晓权不能很好地被满足。"澎湃新闻"作为专业媒体，会进行持续的跟踪报道，力求深度。为了让用户能够及时知道新闻事件的后续发展，在一些栏目的界面会有一个望远镜形状的按钮，用户按下这个按钮后，界面会跳出后续新闻报道的列表，并将其收藏在新闻跟踪的信息库里，方便用户查阅和搜索。当有新的进展时，后台会自动通过"标签"将有关新进展的报道推送到跟踪中心。这一人性化设计优化了用户的阅读体验，满足了用户知晓事实的需求，既是从受众思维向用户思维的转变，更是专业性的体现，充分发挥了舆论引导和新闻传播的功能。

2.转变传统的盈利模式

以"澎湃新闻"为例，其盈利模式布局清晰明确。一是做好"内容提供商"，通过高质量的原创内容和独家报道吸引流量，依靠大量用户获取广告收入，即传统的"优质内容→积累用户→二次贩卖→广告收入"模式；二是尝试知识付费，以精准服务和优质专业化内容吸引用户打赏。现阶段许多新媒体是"双管"运作，两种方式同时进行。随着市场环境的不断变化，澎湃新闻和其他新媒体一样正在尝试"第三次销售"，即"利用传统媒体社会资源丰富、信息流汇聚、公信力强等核心优势，在纸下线下布局垂直产业，把服务（比如个性订阅、推送）卖给读者，把读者变成客户"。

链接

延伸阅读

编辑工作流程规范

新闻报道编辑的工作流程

1.5.2　新闻生产流程的再造

1.在互动开放的环境中生产新闻

以"澎湃新闻"为例，在采编流程上是 24 小时三班倒的工作方式，保证全天候新闻生产，不存在印刷与发行时间的束缚，并通过后台数据确定多个稿件推送时间。澎湃新闻采取自由、开放、弹性和非科层制的管理模式——采编人员没有严格的时间和空间限制，不要求坐班。这些改变都是为了适应新媒体自身的传播特点。

以职场技能类微信公众号"插座学院"为例，每天上午 10 点到 10 点半，是全体编辑人员的选题报备时段，大家头脑风暴，筛选出当日选题；10 点半到 11 点是选题确定阶段，最终确定几个方向，然后生产内容。插座学院每天固定推送 5 篇内容，栏目是相对固定的，选题也有一定的可持续性，让受众形成稳定的预期，然后每隔一段时间做一些微创新、微改变。

"澎湃新闻"还推出了"问吧"栏目。问答式新闻构建了一个场域，用户、某一领域的专家和新闻编辑同时处于这个场域中，用户与用户、用户与专家、用户与新闻编辑之间都能进行互动。问答式新闻无门槛的特点能够最大限度地保证内容多样性。另外，新闻编辑在问答中寻找新的新闻线索的同时也兼顾把关人的角色，对用户内容进行核实并更新，保证内容的质量。

这是媒体转型的另外一个路径。通过与用户的互动，分辨真相和谣言，及时核实信息并实时更新。这充分体现了马克思主义新闻观中的"新闻报道是一个有机的运动过程"。

2. 全方位传播，新闻内容分发渠道更健全

"澎湃新闻"内容发布的渠道建设更完备，形成了网络。用户可以将新闻分享到微信、微博等社交媒体平台。在分享的界面中，有一个按钮是形成海报。海报上有新闻图片，并占据大部分篇幅，图片下方就是新闻标题。这种海报比传统的分享形式简洁、大方、美观，并且具有吸引力和视觉冲击力，更符合用户的阅读习惯。这种特色渐渐成为其传播规范，在日积月累中成为澎湃新闻的传播特色，更体现其专业性。

1.5.3　新闻人知识技能的调整

媒体融合的环境下，新闻传播复合型人才需求持续升温。一方面，新媒体行业人才价值攀升；另一方面，传统媒体在转型中，对新媒体人才的需求也存在巨大缺口。

融媒体时代的复合型人才，除了传统的采写、编评技能以外，更应掌握数据新闻报道、社交媒体信息发布、网站开发、产品和受众分析、整合营销等技能，应具备数据的使用、分析、辨别和再生产的能力以及数据化思维，具备信息架构、信息图表设计、图像处理、视频制作等实用技能。

1.5.4　关于新闻采访的提示

很多新媒体内容生产并不涉及采访，主要原因是行政规定互联网站等机构不具备采访和发布新闻的资质。

《国务院新闻办公室　信息产业部发布互联网站从事登载新闻业务管理暂行规定》中明确规定"非新闻单位依法建立的综合性互联网站（以下简称综合性非新闻单位网站），具备本规定第九条所列条件的，经批准可以从事登载中央新闻单位、中央国家机关各部门新闻单位以及省、自治区、直辖市直属新闻单位发布的新闻的业务，但不得登载自行采写的新闻和其他来源的新闻。非新闻单位依法建立的其他互联网站，不得从事登载新闻业务"。

2015年11月，全国14家网站取得了采访权，包括人民网、新华网、中国网、国际在线、中国日报网、中国网络电视台、中国青年网、中国经济网、中国台湾网、中国西藏网、光明网、中国广播网、中国新闻网和中青在线等，首次拿证记者共594名。

商业网站不是新闻单位，没有合法采访和首发新闻的资质，经批准的也只有转发新闻的职能，没有自采新闻职能。这类网站不发放新闻记者证，编辑们只能寻找新闻线索进行二次加工，自媒体更是如此。

链接

延伸阅读

找寻新闻选题的20
种建议方法

1.6　简化的传媒生产方式

1.6.1　纪录片（宣传片、专题报道）生产

因为成本、工作时间（周期长）等原因，生产团队构成相对简化。主要成员一般有制片、策划（撰稿）、导演、摄影（灯光）、录音、编辑（后期制作）等，甚至策划、导演、编辑是同一人，可能会有美术师参与（选景置景、化妆）。

• 前期设计

与投资方沟通，明确诉求，确认投放平台。搜集资料，包括文本、图片、历史素材等。撰写文案、脚本，确定主题、内容、色彩配置、画面风格等，提案由投资方确认，签署合同。

• 中期制作

组织人员并分配任务。挑选演员，勘探场地和布景，准备服装、道具、器材等。根据脚本投入拍摄。回看拍摄素材，检查音画质量，查漏补缺。

• 后期制作

剪辑师整理拍摄素材，根据脚本进行粗剪，达到画面连贯，符合主题。粗剪之后可能会初审，然后配音、精剪、调色、完成特效与合成、音效、包装、字幕等。

• 发布与推广

客户审片，修改成片，交片，投放，以及其他宣传配合。

链接

延伸阅读

影视生产工作流程
与岗位

影视制作各职位中
英文对照详解

1.6.2　新闻片（移动端图文新闻）生产

即时性是第一位的，所以生产团队构成极简：

• 记者，可能又兼任撰稿、编辑、现场采访，甚至播音，对新闻负总责；

• 摄影（摄像），负责视觉新闻素材（静态和动态影像）的采集，协助记者进行采访；

• 编辑，可能又兼任撰稿、美术编辑，负责新闻片的后期制作，发布平台（网页排

版）设计制作。

1.6.3　动画片（系列动画短片）生产

动画片的生产是团队合作的一项系统工程，主要包括前期策划、中期创作与加工、后期制作等三个工作阶段。

•前期策划

脚本，原创或将故事改编成脚本，按场景编写内容，具体到表演描述、人物对话、场景切换、时间长度等。

原画，具体化人物设定和场景设定，绘制人物原画稿、静态背景、气氛图等，将脚本的设计图像化，确定整体作画风格。

故事板，将脚本按分镜头画成一系列原画，将构图、动作等确定下来，若有必要可以用文字、符号标注出动作、方向、时长等重要的信息。

•中期制作

重点工作是画动画，把原画间的动作补齐，使动画更加流畅。这是整个动画生产的主要部分，是工作量最大的环节，也是人员最多、耗时最长的工作阶段。这项工作将直接决定整个动画片的制作质量。

清线和上色，就是整理草稿中的线条，重新勾描上更清晰的线，然后按设计填充颜色。

•后期制作

剪辑与合成，将输出好的片段镜头组合到一起进行剪辑，将主体前景与背景合成，根据剧情需要添加特效等。

配音，为动画短片配上对白、添加音效、背景音乐等。

最后渲染和输出成片。

链接

延伸阅读

动画生产工作流程
与岗位

动漫生产工作流程
与岗位

1.6.4　游戏（网络游戏）生产

网络游戏开发流程非常复杂，可分为四个大类，创意管理、撰写草案、市场分析、需求分析；大的阶段里面又分很多小阶段。

•创意管理

创意管理是第一步。开发团队在前期市场调研的基础上召开创意会议，会议中最常用的就是"头脑风暴法"，每个人都必须拿出自己的建议和想法，之后大家一起进行讨论，形成创意。创意管理的负责人也是创意会议的主持人，把握会议方向，另有专人进行会议记录。

•撰写草案

撰写草案是第二步，主要任务是撰写策划草案，也叫意向书。撰写策划草案的目的在于明确目标，使得小组内每个成员对即将开发的项目有一个大体的认识。

•市场分析

市场分析是第三步，重点在于目标客户和成本估算。这两方面将决定游戏的市场收益和开发运营支出，也决定了是否开发这个游戏。

目标客户：最重要的一点是确定目标客户，即该游戏是面向核心玩家，还是普通的大众玩家。如果是面向核心玩家所开发的游戏，游戏的难度往往更大一些；反之，如果是面向大众开发，追求更大的客户群体，则游戏的难度总体上应当简单一些。当然，最好的方法是允许玩家自定义游戏的难度。

成本估算：服务器、客服、社区关系专员、开发团队、管理、宣传、广告和推广、传输带宽、客户端，以及其他杂费等一系列成本。

•需求分析

第四步是撰写需求分析书。这包括以下几个方面：美工需求、场景、人物、动画、道具、静画 &CG、界面、动态物件、招式图、宣传画、游戏包装、官方网站、程序需求、系统需求、策划需求等内容。

链接

延伸阅读

游戏生产工作流程
与岗位

1.6.5 插漫画（插画、漫画）生产

插漫画，是用简单而夸张的手法来描绘生活或时事的图画。一般运用变形、比拟、象征、暗示、影射的方法，构成幽默诙谐的画面或画面组，以取得讽刺或歌颂的效果。漫画可以把各种绘画的形式、技法拿来为己所用。常采用夸张、比喻、象征等手法，讽刺、批评、赞扬或歌颂某些人和事，具有较强的社会性；也有以搞笑、幽默为主的纯娱乐性作品。插漫画生产按照工作流程分为写脚本、塑造人物、画漫画、添加对话框、出版漫画等板块。

• 写脚本

脚本决定了插漫画的故事情节。首先要定下来漫画中要讲的故事是什么。在脚本里不需要将故事的每一个细节都表现出来，但必须确定故事进展的基本思路。这样才能保证在开个好头之后有明确的方向和足够的素材往下画。其次决定漫画的形式。不管是单排、双排或其他形式的漫画，都需要先决定平均每排格数或是其他灵活的排列方式。如果计划将漫画发表在纸质读物（例如报纸、杂志等）上，那么保持作品都是一个尺寸是很重要的；如果是在网络上发表作品，那就不用太担心这一点。最后是遵循最简法则。漫画脚本越简单越好，但如果对场景的描述对剧情的发展是有必要的，就要一并写进脚本里。

• 塑造人物

让人物拥有希望和梦想，让角色拥有他们想要的东西，拥有一个人生目标是推动故事发展的重要方式。不要让漫画中的人物太过完美，这可能会让读者感到无趣甚至无聊。如果想要让读者同情并支持你笔下的角色，最好在他们身上加上一些缺点，为他们设置一些困难。让人物更具体一点，给角色加上背景、兴趣，以及其他来自真实生活，能反映性格特征的东西，这会让人物看上去更真实可靠。

• 画漫画

画边框。首先画出边框草图，根据对话文本的长度确定漫画的哪一格最大，哪一格最小，只要能保证自己能遵守尺寸的限制就行。画出人物草图。在安排人物的位置画上草图，确保给对话框留出了足够的空间。合理安排内容，让格子看上去既不太挤也不太空。

• 添加对话框

在草图上画上对话框，其中对话框不要盖住人物，不能占去格子里太多的位置，改变对话框的形状可以表达不同的对话情绪。绘画出背景和场景的草图，安排好人物

的位置之后，可以在草图上画上背景以及其他东西。有些漫画的背景里包含很多细节，有些则只有和人物活动相关的必要物品。勾勒线条。在草图上用深色永久性笔勾出线条，利用线宽的差别以及其他一些作画的技巧，使得画作看上去更干净而专业。勾完线条后将画草图时画的线条擦掉。

• 出版漫画

当插漫画内容完成之后，通过相关的门户网站、APP、大型推广发行公司进行网络出版及发行。

学习活动

在三年专业学习开始之时，考虑一下未来的选择，明确你的目标将非常有助于保持你的积极性。

现在，据你所知，你是否决心以影视、新闻传播、动画、动漫或者其他创意媒体制作作为你未来的职业？如果是，那么你心仪的岗位是什么？你觉得胜任这个岗位应当具备哪些素质？如果你另有打算，也请思考一下你的发展方向。

请写下你的初步打算。

第2步　熟悉你的课程

案例

三年专业学习将带你走向哪里?

我们四个住在同一间寝室,进校一个月我们就成为了朋友。我在网络新闻与传播专业学习,她们三个都在广播影视节目制作专业学习。我已经决定努力成为新媒体记者,她们都在想选择哪个专业方向的问题。

我一直想干摄影工作,无论是拍照片还是视频都可以,所以我必须多看多拍,这算个大方向的决定吧。听说我们专业有不少学长都在知名的商业摄影公司工作,我准备以后努力也成为一个专业的摄影师。

我喜欢影视专业,特别喜欢电影里面的创意。但是我不喜欢写剧本或摄影工作,我更喜欢把时间花在计算机上。我们专业开设的影视后期课程,像剪辑、特效、动画、视频合成这些,我都很感兴趣,这个专业方向将是我的选择。我想今后自己成立个工作室。我准备多找机会实习,学一下带团队之类的。另外还要找一两个同学合作,因为都是同学,可能想法接近一些。

我喜欢出创意和结识新朋友。我听说创意在影视广告领域很有用,但我确实不知道我更喜欢哪方面的影视制作技术,也可能技术方面的我都不擅长。其实我对编导、传媒市场、商业广告这些更感兴趣。所以我决定把学习成绩搞好,早点准备,以后参加专升本考试继续读书。

反思

已经开始传媒专业学习的你,有没有确定选择哪个专业方向?针对你所选择的专业方向,你有什么学习计划吗?如果你还不确定,那么先关注下你将学习的专业课程，再想想，或者与你的专业指导教师讨论一下。

提示

专业方向，是指在某一专业领域全面学习的基础上，更侧重于其中某一方面的学习。这意味着使自己更擅长于此方面的技能，以胜任对应于此的就业方向或职业岗位。

2.1　进阶途径

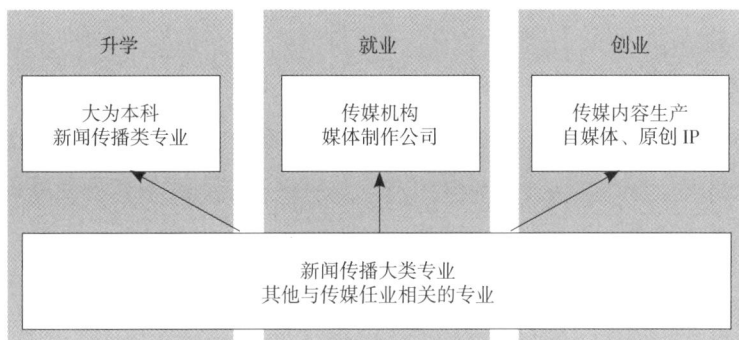

2.2　你的专业课程

本专业所有的专业课程都与职业或工作有关。这意味着你将通过学习获得特定的专业知识和对所选择领域的了解。这些将在你步入职场时使你具备一定的优势，对你的雇主而言，你将更有价值。如果自主创业，这将成为你成功的基石。或者当你升入大学本科学习，你也会因自己在高等职业教育阶段的实践经验而受益匪浅。

你的专业课程将帮助你为理想做好准备：

• 专业课程包括专业基础课、专业方向课、专业拓展课。

• 以上课程中大部分为必修课，所有本专业的学习者必须修完。

• 部分专业拓展课是选修课（限选，即必须几选一），以帮助你在特定专业方向更加深入地学习。

• 部分专业课程是企业课程，可能由传媒行业企业的专家到校授课，或学习者集体前往企业开展集中实践学习。

• 希望你在三年专业学习中对自己负责。专业教师在必要时会给你帮助和指导，你也可以通过课程学习评价知道自己做得怎么样，并在必要时作出改进，但决定性的因素还是你的态度和方法。

要点

• 高等职业教育阶段的学习，以发展和提升职业技能为重点。

• 毕业后你可以在传媒行业找到一份工作，或充分利用你的职业技能发展事业，或以本专业学习为基础升入本科攻读学位。

学习活动

1. 通过查询，或与学长、专业教师讨论，理解有关专业课程的关键信息，并填写下面的"重要信息"表格。三年专业学习中，你可以在任何时间回顾和参考这个表格，以刷新和确认某些信息。

a. 明确你的专业课程数量。

b. 确认你的必修课。

c. 确认你的选修课，理解选修的方向。

d. 确认课程长度，以及每门课何时开始。

e. 按规定时间选定你的选修课，充分考虑再作决定。

f. 不妨展开讨论。你可能会发现与班上其他同学交流想法也很有用。

关于我的专业课程的重要信息

1	我正在学习的专业是：
2	我在校专业学习时间和实习时间分别是：
3	我将学习的专业课程总门数为：

4	我的专业课程中必修课程数目是：
5	这些必修课程的名称和开设学期分别是：
6	必修专业课程中的主要学习任务包括：
7	我的专业课程中选修课程数量是：
8	我将学习的选修专业课程有：
9	这些选修课程中的主要学习任务包括：
10	专业学习的其他重要方面包括：
11	完成三年高职学习后我的选择包括：
12	能帮助我做以上选择的有用信息来源有：

2.许多学习者已经拥有与其专业课程相关的信息，有所接触或有直接经验。比如，你可能在中职阶段学习了相关课程，或者你的家人正好从事传媒行业的工作。

想想你已经拥有的相关经验，并填写下表。

我现有的专业经验

我认识的传媒行业专家或从业人员	（他们是谁，他们知道什么）
我的爱好和兴趣	（是什么，它们与我的专业有什么相关性）
我的实践经验	（我曾经接触的实际工作，以及我当时做过什么）
我喜欢的影视作品、动画作品或网络节目	（是什么，它们如何与我的专业课程相关）
我读过的杂志、书籍或常访问的网络平台	（有哪些，以及是否与我的专业相关）
信息与沟通技术（ICT）来源	（学院网站、专业学习网站以及其他有用的网站）
其他	（与我的专业课程和学习任务相关的其他学习资源）

案例

取得满意的成绩

我正在影视动画专业学习，今天我刚刚收到了第一个学习任务的反馈，结果不太好。我的第一个任务是上周完成的，实际上自从我提交了它，我就有点担心。

我们的任务是"你的职业选择和专业学习规划"。要求我们研究动画制作的工作角色和传媒行业就业机会。

我上网搜索了"影视动画"，发现了不同的角色，如制片人、导演、动画师、特效师等等，资料是现成的，于是我全篇复制了下来。

老师的反馈是，我在学习任务中照搬网上信息，实际上仅仅完成了查找工作，几乎没有自己的理解和规划，最多达到"通过"的等级。

反思

你认为我应该怎么改进才能提高成绩？你建议我今后怎么做才能加以改进？

2.3 理解学习评价

要在任何一门专业课程中取得成功，首先需要了解学习任务是什么，作业必须做什么、怎么做，然后认真完成。

你的作业侧重于你在课堂上已经理解和熟悉的知识和技能。如果你认真对待每个课堂环节，那么你应该能够自信地完成课后学习任务。

但是，有一些常见的陷阱和误区，值得你注意。以下是关于避免这些问题的提示：

• 在开始动手做之前，请先理解学习任务。

- 确保你明白该做什么。如有不清楚的地方，及早询问老师或同学。
- 要完成任务的每个部分。如果过分简化甚至忽略某些部分或步骤，则可能不符合评价标准。
- 做好充分准备。开始查找、研究资料之前，别乱猜答案，更不要以想象替代计划。
- 清楚地传达你的想法，不管是在工作过程中还是在你的产品中。
- 一定要有自己的创意表达，不管你的想法成熟与否。只是把找到的信息堆积起来，看起来就是你自己都不知道你在做什么。
- 完成任何工作都应尽早开始，以避免最后一刻的恐慌。切记，赶工大都出不了精品。
- 注意指导教师给你的建议和反馈，认真考虑同学及合作者的意见。

提示

学习者在学习评价中未取得令人满意的成绩，往往是因为粗心大意或匆忙赶工等出现低级错误，而并非能力有限或没有尽力而为。所以，确保你理解任务要求，并且花时间来制订你的工作计划。

2.3.1　学习任务说明

学习任务说明，主要用于专业课程中明确学习任务要求、规范学习任务进程。专业课程伊始，任课教师会将本门课的学习任务展示给学习者，并在课堂上详细说明，以确保学习者理解学习任务要求、工作程序、评价方式等，帮助他们提升学习表现和学习成果（产品）的质量。

"学习任务说明"可能包括以下详细信息，如下表所示。

你将在"学习任务说明"中找到什么？

内容	细节和解释
标题	课程类别、课程名称、学分和学时
考核方式	考试或考查
时间安排	任务开始和截止时间，提交阶段性学习成果（课堂练习和平时作业）时间，提交课程学习成果的最后期限
学习内容	完成学习任务将涉及的具体专业知识和技能
学习活动	完成学习任务的工作程序、具体工作及其要求
学习成果及其格式	完成学习任务所得到的产品，它必须能证明你学习获得的知识和技能达到一定标准，其具体形式可能是书面文档、演示文稿、照片、影片、演讲和展示等

续表

内容	细节和解释
工作方式	独立或团队合作完成学习任务，若是合作完成，则须明确你自己在团队工作中的贡献
评价和反馈	指导教师对你的学习评价和改进建议，同学（合作者）之间的互评
反思	你对你自己的学习评价，并提出改进计划和具体方式
评价标准	达成何种学习效果、取得何种学习成果，则对应何种成绩

提示

仔细阅读学习任务说明（如果有书面说明）或记录任务，理解每项任务、活动。如果有什么不明白的地方，及早问问你的指导教师。

2.3.2 理解学习任务

学习任务有两个关键内容。第一个是"动词"，下面将会介绍。第二个是"产品"，也就是要求你提交的学习成果的具体形式，不要在应该提交文字报告时却上交视频文件。

这些动词，如"解释、描述、分析、评价"等，是向你说明"应当如何完成任务"，其实也就是在建议和描述"如何学习"。许多学习者没有取得更好的成绩，可能因为他们没有理解这些动词，或者没有意识到这些动词之间的区别，所以并不完全清楚应该怎么做。比如，一些学习者习惯于在工作中添加更多细节，以期望得到更高的评分，但实际上他们往往需要修改整个设计或改变制作方法，同时保持简洁。

需要注意：

这些动词（比如"设计""制作"或"总结"等）会在不同学习阶段的学习任务中多次出现，但是，这些学习任务本身的复杂性或其工作范围会随着学习进程而逐渐提高或扩大。

这些动词因专业领域而异。在不同的专业领域，同一动词可能会对应不同的学习成果形式。

提示

当你面对第一个学习任务时，请再次查看此部分，并对照以下这些说明充分理解其中的"动词"。

学习任务以"动词＋产品"的形式被描述。下表显示当你看到特定的动词时通常需要做什么。这些只是指导你的示例，因为确切的回答将取决于问题。如果你对学习任务有疑问，请在开始工作前咨询你的专业指导教师。

动词	意义
识别 / 辨认	在长时记忆中查找与呈现材料相吻合的知识，区分与特定主题有关的主要特征或基本事实
理解	对事物有一定的认识和记忆，从给出的信息中构建意义。对具体概念、作用等的认知和学习，主要心理过程是记忆
解释 / 描述	将信息从一种表示形式转变为另一种表示形式。给出所有清晰、直接的要点，以及这些要点的逻辑关系
举例 / 示例	对抽象化事物借用具体的、相对来说较容易理解的实例的阐述，即找到概念和原理的具体例子或例证
总结 / 归纳 / 概括	列出主题或要点，以清晰、简洁的方式解释这些要点，证明你的论点
比较 / 对比	发现两种观点、两个对象等之间的对应关系；针对特定的两种或两种以上的情况或因素，解释相似性、差异性或优缺点
说明	清楚地解释特定术语或某事物的含义，解释一个系统的因果关系。如果需要，举个例子来说明你的意思
研究	进行全面调查，从多种渠道收集信息并加以整理，以用于产生、发展某创意
分析	找出关键因素，找出它们之间的联系，并清楚解释其重要性和相关性
应用	适用需要，以供使用。指在特定的工作情境中使用相关知识、技能
执行 / 实行 / 承担	将程序应用于熟悉的任务或特定的（熟悉的、有计划的）活动
使用 / 运用	将程序应用于不熟悉的任务或特定的（不熟悉的、未计划的）活动
设计 / 计划	为完成某一任务拟定一个特定程序，并解释如何执行任务或活动
制作 / 构建	把原材料加工成适用的产品。将要素按一定结构组织在一起，生产出一个产品
评价	基于标准作出判断，然后给出你的观点。考虑所有证据或成果，特别要考察优势和不足、标准的符合度
评论 / 判断	发现产品与标准间的矛盾；确定产品是否具有外部一致性；查明程序对给定问题的恰当性

比如：

识别数码相机上的主要功能。

总结纪录片制作的工作流程。

比较两款数码相机的性能，为你的制作项目选用适当的设备。

受众研究的报告。

制作一分钟二维动画短片。

分析自己在影视后期制作方面的能力。

对学习成果的自我评价以及学习小组成员间互评。

提示

在动手之前，检查你是否确切了解如何按要求完成每个学习任务。

学习活动

读懂学习任务。

以下示例是一门专业课程的"学习任务说明"节选，试着读懂它，也可以展开小组讨论，比较一下你和其他人对任务的理解。

请注意，所有学习者都会以不同的方式完成作业，没有"标准答案"。如果你按每个任务提供了高质量的学习成果，作为证明你良好学习效果的证据，那么你将达到该任务所规定的较高的评分标准。

学习任务规划与实施规范（第2学期）

课程类别	课程名称
专业技能课程（理实一体化）	摄像技术
学分学时	考核方式
3学分；54学时（实践学时36）	形成性评价
教学设计	审核
★★★	★★★
开始时间	完成时间
2020.03.02	2020.04.17

续表

学习任务 1	课堂学时
摄像实践	8 学时（实践学时 6）

任务目标
掌握摄像机的操作，能运用拍摄技巧。请遵循并监控实践过程：
操作摄像机
摄像的一般工作流程
取景和拍摄
镜头的组接
总结与评价

学习活动 1——操作摄像机、摄像的一般工作流程
- 建立学习小组（五人一组）
- 识别摄像机的基本功能，理解三脚架及其他辅助设备的使用方法
- 应用一般操作流程，使用正确的手持摄像姿势，轮流并相互配合完成摄像实践
- 反思实践过程、实践操作并记录你的体会，分别发布至个人社交平台，截图提交

学习活动 2——取景和拍摄
- 认识构成画面的基本视觉元素，重点辨识景别、角度，并兼顾光线、色彩
- 理解镜头运动方式，应用运动镜头的拍摄方法，轮流并相互配合完成摄像实践
- 初步建立空间与构图意识，尝试用画面表达特定意思
- 反思实践过程、实践操作并记录你的体会，分别发布至个人社交平台，截图提交

学习活动 3——镜头的组接
- 识别和理解镜头的固定与运动、主观与客观、中性与空镜、景别与长度
- 通过实践和讨论，识别和理解拍摄方向和机位，解释、举例和总结轴线规律，对比、说明动、静镜头的组接规律
- 应用动静组接、轴线规律，轮流并相互配合完成摄像实践，并尝试在电脑上组接镜头
- 反思实践过程、实践操作并记录你的体会，发布至个人社交平台并截图提交

学习活动 4——总结与评价
- 将练习素材提交给老师，并记录老师和同学的评价
- 结合他人评价，反思实践过程，总结实践过程中自己的优点，重点查找不足及提出改进方法，以便更好地完成下一个学习任务
- 结合文字和实践操作照片等形成总结，制作成图文 PPT 电子文档提交

考查依据
- 摄像实践所得的动态影像素材
- 反思和总结

设备清单
- 高清摄像机
- CF 卡、读卡器
- 三脚架
- 电脑

2.3.3 学习评价的原则

要达到及格等级，你至少能证明你理解主题，了解相关的传播背景事实，并可以制订清晰的计划和完成工作，提交完整的产品。

要达到良好等级，在制订清晰的计划和圆满完成工作的基础上，你必须证明你可以以特定的方式应用你的知识和技能，能交出较高质量的产品。

要达到优异等级，在综合应用知识和技能、制定清晰的计划和圆满完成工作的基础上，你必须证明你能够根据适当的证据做出合理的判断，解决问题，并提交高质量的产品。

学习评价等级范例见下表。

学习任务	评价等级			
	失败 工作不符合一项或多项评价标准，产品水平较差	及格 工作符合所有评价标准，产品令人满意	良好 工作符合所有评价标准，产品水平较高	优异 工作符合所有评价标准，产品水平高、创意独到
解读背景	对主题背景了解有限，目标和目的不明确	恰当理解主题背景，基本能做出判断、描述目标和明确目的	良好理解主题，具备背景知识，并能据此做出正确的判断、阐明目标和明确目的	全面理解主题，具备背景知识，用于传达复杂概念、阐明计划和明确目的
调查研究	没有或几乎没有提供调研的成果和证据，或者提交的信息与任务没有充分相关	收集、整理足够的相关信息，并用于发展创意。	对相关资源进行深入而持续的调查和研究，并对信息进行解释和综合以用于确认、支持和发展创意	独立辨别、深入而持续地研究和调查各种相关资源，深刻地解释和综合信息，用于确认、支持和发展创意
设计与制作	无效的计划，没有或几乎没有对应于目标的评估和规划。一个或多个任务不完整	有证据表明针对目标进行了有效规划和条件评估，圆满完成一项或多项任务	完整、合理的计划，具备主题的密切相关度和承诺。针对目标进行真实的评估，按时完成有效生产	详细、连贯、具备自我指导性的计划，具备主题的密切相关度和承诺。持续针对目标进行真实的评估，并按时完成高质量生产
技能应用	展示的过程范围有限，技术的判断和执行能力差	展示了足够的过程、技能和知识范围。有能力执行工作程序和应用技术来实现创意	应用一致、适当的流程、技能和知识来实现创意，并探究和发展创意解决方案	在广泛的探究中运用深入的理解和审美意识，以富有想象力和灵活的过程、技巧和知识来开发创造性的解决方案

学习任务	评价等级			
	失败 工作不符合一项或多项评价标准，产品水平较差	及格 工作符合所有评价标准，产品令人满意	良好 工作符合所有评价标准，产品水平较高	优异 工作符合所有评价标准，产品水平高、创意独到
解决问题	对替代创意和流程的探索不足问题尚未解决	充分探索替代创意，使用既定方法解决实际问题	充分证明能有效解决问题，适应不可预见的实践挑战以实现既定目标	充分证明能有效解决问题，自主实施创新解决方案，适应无法预见的实践挑战以实现既定目标，且展示出主动性
演讲与展示	无效的沟通和创意表达缺乏清晰的结构、信息选择和组织	适当的沟通，有足够清晰和一致的创意表达，且适合目标受众	自信地选择、组织和交流创意与想法一致的演示方式，表明对范例和标准有良好的理解	自信地选择、组织和交流创意与想法展示出自信、个人风格以及对资源利用的得心应手，并将想法有效地传达给目标受众
评价与反思	正在进行的评价证据不足，缺乏或仅有基础分析，没有或几乎没有提出观点理由	清晰地传达有效的评价和真实分析的证据，可独立用于表达和发展创意	有效地传达分析和解释，独立处理综合信息和运用合理的决策来促进创意发展	全面和专业地传达敏锐的分析和阐释，展示出清晰和成熟的思路，具有一定成熟度的决策以促进创意发展

2.4　积极响应

学习任务及其产生的学习成果，能够使你展示所学的知识和技能，以及如何应用它们。你应该对挑战做出积极响应，并尽力而为，高质量地完成学习任务。

🔘 提示

所有的作业和实践任务，都与你在课堂上所学的知识和技能相关。它们并不是要考验你，而是帮助你巩固所学和积累工作经验。

🔑 **要点**

- 仔细阅读学习任务说明，以免犯那些本可以避免的错误，比如只完成了任务的一部分。

- 在较高年级，学习任务要求和任务的复杂性会有所不同，因为随着专业水平的提升，你必须在任务中展现更高级的技能。

- 记下提交学习成果（作业）的截止日期和阶段性评价日期，对应于这些时间节点安排工作，积极与指导教师沟通和讨论，解决实践中的问题。

- 了解学院关于学生学业管理的相关规章制度。

积极主动，其实就是循序渐进地调整心态，培养好习惯，总结学习方法，把握机遇，并在展示自我的过程中收获成功和快乐。

根据心理学家统计，每个人每天大约会产生 5 万个想法。如果你拥有积极的态度，那么你就能乐观、富有创造力地把这 5 万个想法转换成正面的能源和动力；如果态度是消极的，你也许会把这 5 万个想法变成负担和压力。

所以，我们应当保持乐观和热情，主动努力，远离消极被动的态度：

- 不要偏信，积极求证

遇到问题，主动搜寻和验证。如果你想知道什么，不要只是到网上去找，也不要急着去问别人；如果你听到了什么，不要盲目信从，尽力查询和分析信息，多方求证，看似很复杂的问题很快就会得以解决。

- 不要等待，主动努力

每一件发生在你身上的事都应该是因你的决定而发展、变化的，绝不会因为时间流逝而自动现实。主动努力，不要被动地等待，被动就是弃权，不做决定也是一种决定。

- 不要追随，自有主见

不要随波逐流，学会对学习、工作和生活做出合理安排。如果偶尔头脑里出现"无所谓""别人怎样我就怎样"之类的想法，提醒自己一定要把自己的选择展现出来。如果从小事到大事，你都能做到听从自己的意愿，久而久之，你就会养成积极主动的习惯。

- 别说不会，尽力尝试

遇到困难时，不要找借口。多想想，有没有别的解决方案？能不能将问题分解开来一步一步解决？或者，是否需要先提高自己在某方面的能力，然后再回头来处理这个难题？不要因为逃避而说自己"不会"，没有人生来就"会"。

🔄 学习活动

通过执行以下活动，试着感受一下如何做才能取得令你满意的成绩。

1. 准备一个简短的陈述，介绍你通常的生活方式（及格）。

2. 详细描述你的生活方式，并举例说明你的习惯和爱好（良好）。

3. 批判性地评估你当前的生活方式（优异）。

这个活动可以在小组内进行，也可以在班会时向你的指导教师展示。

📍 提示

在组织和准备类似以上陈述的时候，应考虑先理清结构。可以从主题联想到几个要点，从每个要点扩展到几个关键词，从每个关键词发展出具体内容，逐步丰富，构成整体。

第3步 认识你自己

案例

你的个性与选择

每个人都有独特的个性和学习、工作技能。

"与我同寝室的同学，分属于一个学院的三个专业。其中一个同学在网络新闻与传播专业学习，性格很外向，总是充满创意和各种各样的想法，而且他喜欢向我们展示这些想法。他是学习小组长，在团队合作中担任领导角色，但有时候听不进其他人的意见。

我是影视动画专业的学生，我喜欢在电脑上工作，做动画和视觉特效之类的东西，我觉得学习新程序、新软件很有意思。如果我在电脑上发现了一些不会做的事情，我就在互联网上找教程来学习，自己解决这个问题。但是，我发现自己很难想出好创意，也不太习惯与其他人分享想法。有时候，我都不太想作为一个团体的一员工作，但是影视动画制作工作是必须合作的，真的有点矛盾。"

你的技能和个性类型可能会影响你选择走哪条专业道路。无论你选择哪种途径，你的能力优势都将是你和你的团队的宝贵财富。然而，重要的是要意识到任何消极的个性特征，都可能会阻碍你的进步。

反思

想想你的个性、兴趣、擅长的领域，以及你已经拥有的技能。这些因素如何影响了你在专业方向与职业规划上的选择？

个体对自己的各种身心状态的认识、体验和愿望，称为"自我意识"。

自我意识是意识的一种，是主体对自身的意识，包括对自身机体及其状态的意识、对自己肢体活动状态的意识，以及对自己的思维、情感、意志等心理活动的意识。自我观念、自我知觉、自我评价、自我体验、自我监督和自我调节控制等是更重要的内容。

•自我意识意味着"认识和理解你自己"。比如，你更喜欢实践活动还是理论学习？你喜欢画出或是口述一个创意，还是用文字写出来？

•自我意识也意味着明确自己的长处和短处。了解你的长处能使你对自己和你的能力感到积极和自信。了解自己的弱点意味着你了解需要开发的领域，知道努力的方向。

•自我意识可以使你减少对他人意见的依赖，让你对自己的判断有信心，也可以反思自己的行为，从自己的经验中学习。

•自我意识可以帮助你理解自己，明晰自己的气质、性格，找到自己的职业价值取向，进行自我完善和提高。

•自我意识也可以使你更容易理解他人的行为和习惯，让你顺利地与人相处、融入团队，合作学习和工作。

你可以通过观察和测试来分析自己，以及理解他人。

3.1　你是什么样的人

如果你能根据自己的性格、兴趣和特长、价值观，坚持走自己的专业和职业道路，这将能够表现你最优异的才华与天赋。

现代管理学之父彼得·F. 德鲁克（Peter F. Drucker）认为，每个人都应当问自己五个关于"职业"的问题：我的长处是什么？我做事的方式是什么？我的价值观是什么？我该去哪里工作？我该贡献什么？

3.1.1　心理测试

为弄清自己是"什么样的人"，你可能参加过所谓的"性格测试"，比如某种问卷形式的。实际上，这一类的测试并不能就此简单地描述"你这个人"，它们主要呈现的是你某方面的行为倾向，或者说是你的个性和喜好。当你面对学习和工作问题时，你的行为倾向将左右你的解决方式，当然也会对学习效果和工作成效产生影响。

一些企业的雇主可能在面试的时候对求职者进行"测试"，要求求职者回答一系列针对性的问题，以便确认求职者的个性能与工作类型相匹配，或者说是找到他们认为最合适的人。

不管是计算机测试还是书面答题测评，可供选择和使用的测试题都很多，内容各式各样，涉及方面广泛，比如性格测试、气质测试、智力测试、人际关系测试、管理能力测试、情绪测试、创造力测试等等。

尽管这些测试并不能绝对全面地反映某人的个性，但确实有助于避免某些"不匹配"，比如雇用一个性格内向而可能擅长于技术的人去从事人际关系、推广与运营之类的工作。

学习活动

1.根据以下每个情况描述勾选"是"或"否"，深入了解自己的个性。为了给你自己提供有效的参考，请说实话！

	描述	是	否
A	如果有人惹恼了我，我可以平静地与他们沟通，而不会使他们感到被冒犯		
B	别人在讲话时，我经常打断他们，发表我的意见，及时向他们提出我的建议		
C	有些学习任务真的让我感到压力很大。我有时担心我应付不了，可能会把事情弄得一团糟		
D	我很容易受到别人的影响。我有时会因为他人的行为，而变得非常激动和不安		
E	我喜欢规划和组织我的工作，我通常都很有热情和动力把工作做好		
F	我发现与别人合作很容易、很令人愉快，工作中我会随时考虑他们的意见		
G	我相信我的眼光。我经常由第一印象得出结论、判断一个人或情况		
H	我善于调查研究，更喜欢依赖事实和经验，而不是跟着感觉走		

2. 连线，确定下面的哪些素质在某专业方向中可能非常重要。

素质
机智
真实
倾听技巧
在压力下保持冷静
同情他人
自信
计划和组织
与他人合作
自我保证
客观判断
善于学习
决断力

可能深受其影响的工作
导演
记者
编剧
摄影师、摄像师
美术编辑
动画和特效师
媒体运营
剪辑师
制片人
广告策划
媒体调查员
数码照片后期制作

3. 参考以上两题你的答案，思考一下，你的个性是否将在未来助你取得成功？或者你是否需要有所调整？

实际上，心理测试只是一种比较先进的测试方法，能够帮助你认识自我的特定方法还有很多。

3.1.2　360° 评价

360° 评价，就是通过多渠道收集与自己有密切关系的、不同层面的人员对自己的评价信息，并结合自我观察、内省，进行综合分析和比较，来全方位评价自己。

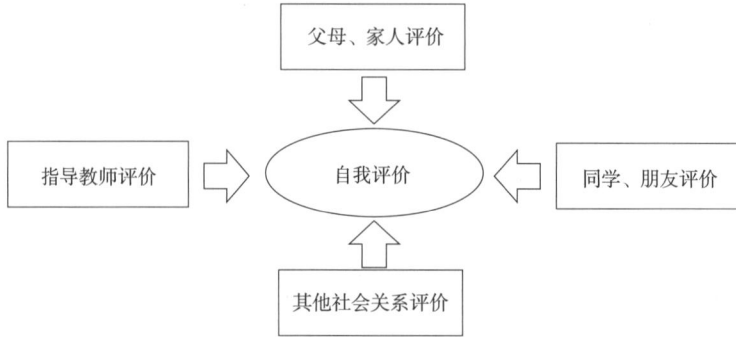

比如，你可以通过收集父母、亲戚、朋友、同学、老师、合作者、指导者等众多社会关系人员对自己的评价信息，获得多层面人员对自己外形、气质、性格、素质、能力等方面的反馈，较客观地、全面地了解自己，为正确认识自己、管理和培养自己提供参考。

⟳ 学习活动

试着运用 360° 评价法分析你自己，准确记录信息到下图中，尽量精练。

3.1.3 橱窗分析

橱窗分析是一种认识自我的常用方法。以别人知道或不知道为横坐标，以自己知道或不知道为纵坐标，借用直角坐标系的象限把自我分成四个部分，即四个橱窗。

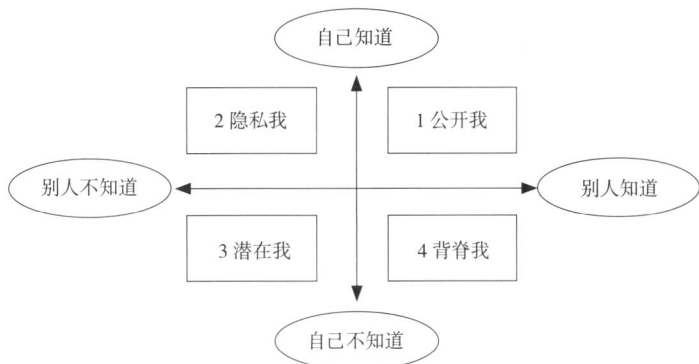

　　•橱窗 1："公开我"指自己知道、别人也知道，个人展现在外，无所隐藏的部分。比如你的外貌、身高、年龄、学业情况等。

　　•橱窗 2："隐私我"指自己知道、别人不知道的部分，属于个人不外显的隐私和秘密。比如嫉妒、厌恶、自私等平常不愿袒露的缺点或情感等。

　　•橱窗 3："潜在我"指自己不知道、别人也不了解，有待开发的部分。通常这部分是不容易察觉或被忽视的。你可以通过某些测评工具来挖掘自己的潜力，也可以在学习、实践中通过各种尝试来发现自己的潜力。

　　•橱窗 4："脊背我"指自己不知道，别人却清楚知道的部分，就好比我们的脊背。可以采取与他人开诚布公的语言交流、书信交流等方式来向别人了解。

提示

　　我们应当着重对"潜在我"和"脊背我"进行挖掘。

　　潜力是人类原本就具备却未开发和使用的能力。研究表明很多发明家、科学家也仅仅运用了自己 2% 的潜力。所以，一旦驾驭了它，你的世界将无比精彩。而要准确认识自我，就要具有开阔的胸襟，诚恳、虚心的态度。否则，你难以听到别人对你的真实评价。

学习活动

　　1.试着运用橱窗法分析自己，准确记录信息到下图中，尽量精练。

隐私我	公开我
潜在我	背脊我

2. 基于以上两种分析的结果，总结一下，你是怎样的一个人。

3. 乐于自我探索，检查自己与他人眼中的我是否一致。

a. 写一份简短的自我介绍。

b. 由指导老师随机选择若干份进行宣读。

c. 猜猜老师念的自我介绍是谁写的。

d. 快速思考和讨论：

为什么有的同学一下就能被猜中，而有的同学却始终没被猜中？

为什么需要认识自己、寻找自己与众不同的方面？

你认为可以从哪些方面认识自我？

3.2 你最看重什么

每个人对客观事物的看法和评价、若干事物在心目中的主次排序等都不相同，这就是不同的价值观体系。

3.2.1　职业价值观

职业价值观是价值观体系的主要组成部分。通过工作所要追求的理想是什么，这就是职业价值观，也就是个人对待某项职业的信念和态度、希望从事某项职业的倾向。它将直接影响和决定你的奋斗目标、追求方向、理想信念、言语行动⋯⋯

每个人的出生环境和生活经历不同，对自身生活意义的反思和追求也不同，所以职业价值观因人而异。职业价值观既可通过社会活动培养，又会随着社会生活的变化而变化。随着个人的成长，更高层次的自身需求就会出现，新的职业价值观也会随之而来；而外界因素、客观条件和职业环境，也会使得职业价值观出现阶段性变化。

1. 米尔顿·洛克奇的价值观分类

米尔顿·洛克奇（Milton Rokeach，1918—1988），美国社会心理学家、密歇根州立大学教授，致力于对信仰、态度、价值观的研究。他认为价值观可以按行为方式和终极目标的持久性信念来划分：

• 成就感

提升社会地位，得到社会认同；希望工作能受到他人的认可，对工作的完成和挑战成功感到满足。

• 美感

能有机会多方面地欣赏周遭的人、事、物，或任何觉得重要且有意义的事物。

• 挑战

能有机会运用聪明才智来解决困难；舍弃传统的方法，而选择创新的方法处理事物。

• 健康

包括身体和心理健康，工作能够免于焦虑、紧张和恐惧，希望能够心平气和地处理事物。

• 收入与财富

工作能够明显、有效地改变自己的财务状况；希望能够拥有金钱所能买到的东西。

• 独立性

在工作中能有弹性，可充分掌握自己的时间和行为，自由度高。

• 爱、家庭、人际关系

关心他人，与别人分享，协助别人解决问题；体贴、关爱，对周遭的人慷慨。

• 道德感

与组织的目标、价值观、宗教观和工作使命能够不相冲突，紧密结合。

• 欢乐

享受生命，结交新朋友，与别人共处，一同享受美好时光。

• 权力

能够影响或控制别人，使他人照着自己的意思去行动。

• 安全感

能够满足基本的需求，有安全感，远离突如其来的变动。

• 自我成长

能够追求知性上的刺激，在智慧、知识与人生的体会上有所提升。

• 协助他人

认识到自己的付出对团体是有帮助的，别人因为你的行为而收获颇多。

2. 日本 NHK 的职业价值观取向

日本 NHK 通过舆论调查、统计分析，将职业价值取向分为 7 种：

• 能推动社会发展的职业

• 助人、为社会服务的职业

• 得到人们高度评价的职业

• 受人尊敬的职业

• 能赚钱的职业

• 虽平凡但有固定收入的职业

• 若不为人所用，就自谋职业

🔄 学习活动

澄清你的职业价值观——分清追求和逃避。

心理学专家认为，一个人行为的动机归根结底在于追求或逃避。你可以通过把心中想要的和不想要的进行排序，从而澄清自己的职业价值观。

1. 把你想要追求的对象划分到追求型价值观，比如快乐、信心、成就感、健康、友情、权威、受人爱戴、创新……

2. 把你不愿意接触的东西划分到逃避型价值观，比如压力、嫉妒、忧郁、不被信任、拒绝、排斥、被欺骗……

3. 把这些要素按照自己的理解排出先后顺序或上下层次，看看你所追求的是什么，你最想逃避的又是什么。

你也可以参考米尔顿·洛克奇或者 NHK 的价值观分类。

追求	
逃避	

3.2.2　什么是成功

拥有成功，是每个人追求和希冀的。很多人都有思维惯性，学校只看成绩，工作只看业绩，社会看名利、财富……事实上，对成功的评价应该是多元化的，不能用一种标准来评判。

在职业活动的过程中，许多东西没有可比性，没有统一性，所以职业成功没有唯一标准，不同的人对它的认识也不同。每个人都有自己的职业价值观，既不能过分追求单一的成功，也不能强调成功要面面俱到。

成功的价值体现不仅包括事业成就、身心健康，还包括情感和谐、财富拥有等许多方面，是一种社会和个人的平衡状态。成功的价值要让自己内心认可，也要让社会认可。在不同领域，通过个人奋斗，实现对自己、对社会都有利、有益的目标，就是成功。

做精彩的自己。

学习活动

结合你的职业价值观，谈谈你心目中的"成功"。

可以将要点列在下面框中，然后与你的同学或指导教师交流一下。

3.3 你喜欢做什么

兴趣是指建立在需要基础上，带有积极情绪色彩的认知和活动倾向，是个人对其环境中的人、事、物所产生的喜爱程度，是个人力求认识、掌握某事物，并经常参与该种活动的心理倾向。兴趣是人们活动的重要动力之一，是活动成功的重要条件。

要点

兴趣对职业发展有很大的作用：

• 兴趣可激发创造性。兴趣能促发整个身心的积极性，使人集中精力去获取知识，并创造性地开展工作。

• 兴趣可提高工作效率。研究表明，如果某人对某一工作有兴趣，就能发挥他全部才能的 80%~90%，且长时间保持高效率工作而不感到疲倦；而对工作没有兴趣的人，只能发挥其全部才能的 20%~30%，并容易厌倦。

• 兴趣是行动的动力。对工作感兴趣，就会深入钻研，钻研就会出成就。

以下提供一些参考方法，帮助你了解自己的职业兴趣。

• 兴趣倾向表达法

盘点过去，将有关问题的答案和所有闪过的想法列入清单，再把清单项目整理、归类、分析，得出自己兴趣的倾向。

• 职业兴趣测试法

列出一系列的问题，涉及学习、娱乐、社交、劳动等方面，要求你回答喜欢或不喜欢的程度，再根据你的答案进行评估和汇总，最后分析得出你的兴趣倾向或兴趣类型，比如常用的"霍兰德职业兴趣测试"。

• 自我行为观察法

回忆和观察自己平时生活行为习惯和参加各项活动的情景，从中推测自己的兴趣倾向。比如，连续一段时间，你每天的日程怎么安排？什么活动时间安排最多？什么活动是你最喜欢的？

• 职业知识测验法

进行关于不同职业知识的测试，根据测量出的自己对职业必须掌握的信息、词汇等内容的得分来对比和评估自己的职业兴趣倾向。

学习活动

根据回答问题来探索自己的职业兴趣倾向。

1. 回答以下清单中的问题。

你现在的嗜好是什么?	
你喜欢谈论什么话题?	
你喜欢和怎样的人一起谈论?	
你喜欢阅读什么类型的杂志?	
报纸上什么主题的文章令你真正感兴趣?	
你喜欢浏览什么网站?	
你会选择看哪一类的电视节目?	
当查看教科书目时,你对哪科感兴趣?	
如果你要写一本书,不是你的自传也不是别人的传记,你想写哪方面的书籍?	
什么工作或活动让你专注到废寝忘食?	
过去你做过什么自己真正喜欢做的事情?	

2. 请将你的兴趣清单进行整理、归纳和分析,快速思考和讨论:

你认为自己的职业兴趣倾向是什么?

你会根据自己的职业兴趣倾向选择职业吗? 为什么?

要点

如何自我培养职业兴趣:

• 积极探究,培养自己广泛的兴趣。兴趣可以广泛,眼界开阔,解决问题时也可以从多方面得到启发。

• 深入实践,发现、培养中心兴趣。兴趣不能浮泛,在某方面有持久稳定的兴趣,可助力自我专长。

• 立足根本,根据自身条件培养职业兴趣。客观评价自己的能力和自身条件,在此基础上形成的职业兴趣才是长久的、可规划利用的。

• 放眼社会,根据社会需求培养职业兴趣。在个人意愿与社会需求两者的关系上,通常是社会需求决定个人意愿。

3.4 你适合做什么

人格是一个复杂的结构系统，主要包括气质、性格和自我调控等方面。适合做什么，与职业气质和职业性格有关。

3.4.1 气质与职业

气质是表现在心理活动的强度、速度、灵活性与指向性方面的一种稳定的心理特征，也就是我们生活中所讲的脾气、秉性、性情。

气质主要受遗传因素影响，是人的天性，绝没有好坏之分，并不决定一个人的智力水平或社会价值，也不具有社会道德评价含义。但是，气质是职业选择的一个重要依据。气质不仅影响人的智力活动方式，也影响活动效率。气质特征往往为个人从事某种活动提供有利的条件，对职业适应性和满意度有一定影响。

现代心理学把人的气质分成四种类型：胆汁质、多血质、黏液质和抑郁质。气质类型、特点及其与职业适应性的关系，可参考下表。

气质类型	特点	表现	职业适应性	职业举例
胆汁质	兴奋而热烈	情绪兴奋性高，直爽热情，精力旺盛，情绪体验强烈而持久，但看问题线条较粗，自制力较差，神经系统不够平衡，事情开始时投入热情较高，一旦失败易转为极度沮丧	适合从事与人打交道、工作内容和环境充满变化性的工作，而不太适合做要求长期安坐、耐心持久细致的工作	比如导游、推销员、节目主持人、勘探工作者、演讲者、接待人员等
多血质	敏捷而活跃	性格开朗，善于交际，外部表现明显，神经系统平衡且灵活性强，兴趣广泛，但注意力不够集中，情绪易浮躁	适合与外界打交道，从事灵活多变、富有刺激性和挑战性的工作，而不太适合做细致、单调的机械性工作	比如外交人员、公关人员、新闻记者、律师、运动员、冒险家、服务员、侦察员、干警、演员等
黏液质	安静而沉稳	情绪兴奋性较低，外部表现少，自制力强，注意力集中，稳定性强，但应变能力差，有墨守成规倾向	适合做稳定的、按部就班的、静态的工作，而不太适合做需要经常策划创造的工作	比如医务工作者、翻译、商务、教师、科研人员、会计、文员、法官、管理人员、调解员、播音员等
抑郁质	呆板而羞涩	情绪感受性高而耐受性低，反应速度慢，内倾明显，容易相处，工作认真，有自卑、优柔寡断倾向	适合安静、细致的工作，而不太适合热热闹闹的场合	比如作家、画家、诗人、音乐家、校对、编辑、化验员、仓库管理员、机要秘书等

3.4.2　性格与职业

性格是人对客观事物的较稳定的态度和习惯化了的行为方式，是一种与社会关联最密切的人格特征，是人的属性、特性或标志。

性格不是先天的，而是在后天社会环境和社会实践中形成的比较稳定的基本人格形态，是个性心理特征中最核心的部分。

每个人的先天素质不尽相同，成长环境更是独一无二的，所以人的个性差异首先体现在性格上。每个人都拥有自己最特殊的特质，每个人的性格都不是单一的，都会呈现出一定的复杂性，都会有交集。

人类的性格千姿百态，至今在世界上还没有统一的划分标准。为促进自我了解，也让自己了解别人，从而更有效地与他人沟通，我们可以参考"九型人格测量"。

九型人格和相适应的职业参考如下表。

人格类型	自白语	基本特征	顺境时	逆境时	适合工作
完美型（秩序型）	我要坚持原则、维护公平	公平正直，做事讲原则，有条不紊，井然有序，追求完美，但容易被人误会为吹毛求疵，爱挑毛病。希望自己是对的、好的、贞洁的、有诚信的	正直踏实，能包容他人，能打破条条框框，处事有一定弹性，判断力强，聪慧，重视公平与诚实，大胆挑战不公平的现象，凡事依据原则而行，有理智，能自律与节制，有很高的道德标准	挑剔、心胸狭窄、不肯接纳别人的意见，容易把别人的意见视为不善意的抨击，呆板，教条主义，绝对化，缺乏弹性，爱否定打击别人。作为领导，你要倾听他的意见，注意他的态度，鼓励他往正面看	财务、监察、审计、法官、品质管理等
助人型（全爱型）	我要帮助所有的人	热情付出，总是优先帮助他人，却常常被人忽略。渴望被爱、被需要，希望别人喜欢多于尊重，成就他人，追求情感上的满足	慷慨无私，富有很强的同情心，体谅他人，热心助人，主动付出，热情而有活力，充满阳光气息，诚恳而温暖，容易接近，很受人欢迎	情绪化，虚荣心重，操控别人，讨好别人，觉得自己特殊，专制而易怒，爱抱怨，因觉得自己的付出与收获不成正比而扮演受害者	秘书、社工、服务工作等
成就型（急躁型）	我要出人头地	渴望比他人更成功，成就欲望强烈，喜欢成为别人关注的焦点，希望受尊重，能得到他人的肯定和羡慕，很多人称其是"工作狂"	精明能干，充满活力，自信而有魅力，愿意自我肯定内在的价值，乐观主动，感染力强，外向、行动敏捷，不断进取，成就出众，有"不到黄河心不死"的韧性，是富有同情心的领袖	工于心计，为达目的不择手段，会欺骗与说谎，妒忌心强，踩踏别人抬高自己，会剥削和利用他人，把他人当成成功的垫脚石，自恋和残暴	销售、公关等

续表

人格类型	自白语	基本特征	顺境时	逆境时	适合工作
艺术型（自我型）	在内在经验中找到自我认同	注重感觉，敏感而多梦，渴望别人能够了解自己内心的感受，注意到自己的独特与恐惧之处，但是这个世界好像没有人能够真正明白自己	灵感不断，富有创造力，感情真挚而坦诚，观人细微，给予别人贴身的支持，感恩，自我认同，观察力强，直觉敏锐，肯定自我并表现自我，有幽默感，有担当	忧郁，多愁善感，自怜自爱，自我怀疑，自我破坏，对世界充满不信任，远离人群，爱回忆过去，陷于痛苦等负面情绪中并难以自拔	设计、创作等需要创意的工作
智慧型（思想型）	我要了解世界，并尽力使自己能干、知识丰富	分析、思考力强，追求知识、渴望比别人懂得更多，不善表达内心感受，给人缺乏感情的印象，由于不善于交际应酬，身边人总说自己"不懂人情世故"	聪明，有卓越的观察力与分析能力，见解独到而深刻，能专注于某一领域，博学而专精，办事巨细无遗，好学，求知欲强，有独创与革新精神	逃避，愤世嫉俗，充满敌意，妄想，孤独，狂躁，自我封闭，把自己困于某些思维模式中，有伤害别人及自己的倾向	策划、整合、管理、研究工作
忠诚型（惶恐型）	我想得到支持及安全感	小心谨慎，为人忠诚，但却有太多疑虑，总觉得世界充满危机，内心深处常有担心、焦虑，过于考虑安全方面，常常因此延迟采取行动	有亲和力，忠诚可靠，肯支援团队，有责任心，勤奋，值得信赖，有良好的合作精神，相信自己和他人，懂得享受生命，踏实、平和	焦虑、紧张，缺乏自信，极度缺乏安全感，到处寻找安全感，对刺激过度反应，自我打击，有被虐倾向	协调、顾问等工作
活跃型（开朗型）	我是快乐的、客观的，希望得偿所愿	天生开心、贪玩，喜欢新奇的事物，追求自由存在、率性而为的生活，但总有些不得不处理的事情占用我的娱乐时间	充满欢乐，乐观豁达，热心而宽容，有想象力与创造力，精力充沛，多才多艺，具有鉴赏力，为人群带来欢乐，令人觉得生命充满希望	不切实际，经常妄想能够以小博大，冲动，有攻击性，爱出风头，有时行为失控，夸张炫耀，于逸乐中逃避现实	创作、娱乐工作
领袖型（能力型）	我是百折不挠的，捍卫本身的利益，要做强者	刚强自信，正义，敢承担责任，有领导和保护身边的人的欲望，但是别人却经常觉得自己太过于"霸道"而与其保持距离	充满正义感，主持公道，保护他人，勇于承担责任，宽宏大量，自信坚定，行动力强，能领导他人，坚强，有决断力	手段强硬，独裁而充满暴力，要求别人牺牲小我去成就他的大我，喜欢追求权力，我行我素，冷漠、夸大，报复心重	管理者、领导者
和平型（和谐型）	我宁愿息事宁人，维系内在的平静和安稳	和气友善，追求和谐，希望大家和睦相处，可别人却认为自己是好好先生，优柔寡断，没有立场	有童心，对人和善，慷慨大度，心平气和，纯真而富有耐心，支持他人，轻松温和，有同情心，勇于实践	抱怨，麻木不仁，将事情过分合理化，懒惰拖延，没有行动力，缺乏焦点，迷惘	人事、调研、仲裁工作

提示

人生需要科学的管理，成功源于恰当的选择。而这一切的起步在于你对自己的认识。一个人只有扬其长、避其短，才能发挥其最大优势，获得学业、事业上的成功。

学习活动

请参考以上两张表，试着为传媒行业的各个职业归纳一下对应的气质和性格特征。

比如，就你所知，动画特效师的气质和性格特征一般是怎样的？你认为具有什么样气质和性格特征的人，更容易胜任导演工作？你身边的哪位同学具备成为记者的潜质？

3.5　描述你自己

自我陈述，可能是所有应聘者、竞标者必须向招聘者、招标者提供的信息，其重点内容在于"成就的摘要"，目的是把自己"推销"给他人。很多时候，这也是"项目提案"甚至"求职流程"的一部分。

如果你成就颇丰、自我认识清楚，你的自我陈述会非常精彩；如果你没有什么东西可以写或者说出来，你的自我陈述就会是非常可怕的。

那么，描述你自己，从何开始呢？

首先，切勿复制你在网上找到的他人撰写的陈述，那往往是一些没什么特点和价值的范文。忘记这些东西，你可以做得更好。

然后，想象一下，如果你是一个导师、招聘者、招标者，在申请人提供的个人陈述中，你需要阅读哪些内容来说服你为申请人提供一席之地？或者说你希望找到什么样的人？以下内容可供参考：

•申请人、应聘者、竞标者以往最突出的成就。

•出于什么目的竞标者（应聘者）想要得到这个项目（职位），或者说，一旦得到，会达到何种成就？产生什么成果？

•与其他申请人相比，他可能有什么不同，可以按"人无我有，人有我优"的思路想一想。

•真诚而明确地呈现出他的能力与想法，比如创新、创意、有力论据与事实证据，切勿夸大或随意承诺。

• 书写或打印工整，没有语法或文字错误，段落结构组织清晰。

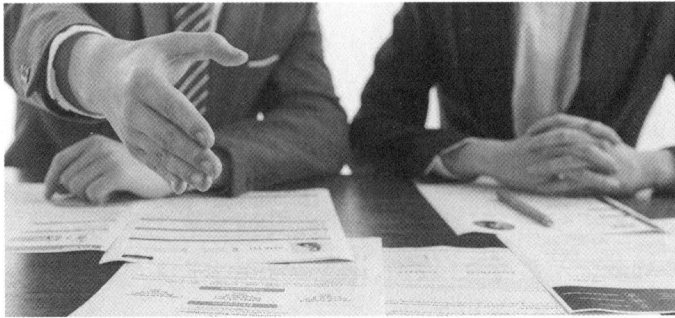

学习活动

1. 学会描述自我——我是谁？

检测自我认识的清晰程度，从多层面了解自己。

请在 5 分钟内写出 20 个"我是谁"的陈述句，可以是词语、短语或句子。

我是＿＿＿＿＿＿＿＿＿＿＿＿＿＿＿＿＿＿＿＿＿＿＿＿＿＿＿

我是＿＿＿＿＿＿＿＿＿＿＿＿＿＿＿＿＿＿＿＿＿＿＿＿＿＿＿

我是＿＿＿＿＿＿＿＿＿＿＿＿＿＿＿＿＿＿＿＿＿＿＿＿＿＿＿

我是＿＿＿＿＿＿＿＿＿＿＿＿＿＿＿＿＿＿＿＿＿＿＿＿＿＿＿

我是＿＿＿＿＿＿＿＿＿＿＿＿＿＿＿＿＿＿＿＿＿＿＿＿＿＿＿

我是＿＿＿＿＿＿＿＿＿＿＿＿＿＿＿＿＿＿＿＿＿＿＿＿＿＿＿

我是＿＿＿＿＿＿＿＿＿＿＿＿＿＿＿＿＿＿＿＿＿＿＿＿＿＿＿

我是＿＿＿＿＿＿＿＿＿＿＿＿＿＿＿＿＿＿＿＿＿＿＿＿＿＿＿

我是＿＿＿＿＿＿＿＿＿＿＿＿＿＿＿＿＿＿＿＿＿＿＿＿＿＿＿

我是＿＿＿＿＿＿＿＿＿＿＿＿＿＿＿＿＿＿＿＿＿＿＿＿＿＿＿

我是＿＿＿＿＿＿＿＿＿＿＿＿＿＿＿＿＿＿＿＿＿＿＿＿＿＿＿

我是＿＿＿＿＿＿＿＿＿＿＿＿＿＿＿＿＿＿＿＿＿＿＿＿＿＿＿

我是＿＿＿＿＿＿＿＿＿＿＿＿＿＿＿＿＿＿＿＿＿＿＿＿＿＿＿

我是＿＿＿＿＿＿＿＿＿＿＿＿＿＿＿＿＿＿＿＿＿＿＿＿＿＿＿

我是＿＿＿＿＿＿＿＿＿＿＿＿＿＿＿＿＿＿＿＿＿＿＿＿＿＿＿

我是＿＿＿＿＿＿＿＿＿＿＿＿＿＿＿＿＿＿＿＿＿＿＿＿＿＿＿

我是＿＿＿＿＿＿＿＿＿＿＿＿＿＿＿＿＿＿＿＿＿＿＿＿＿＿＿

我是＿＿＿＿＿＿＿＿＿＿＿＿＿＿＿＿＿＿＿＿＿＿＿＿＿＿＿

我是＿＿＿＿＿＿＿＿＿＿＿＿＿＿＿＿＿＿＿＿＿＿＿＿＿＿＿

我是＿＿＿＿＿＿＿＿＿＿＿＿＿＿＿＿＿＿＿＿＿＿＿＿＿＿＿

2. 准备你的个人陈述。

准备一份清单，理清你的职业兴趣、气质与性格、已经拥有的专业技能、在专业学习中取得的进展……，列出你的长处和优势，简要说明理由。保存好这份清单，今后可以根据你的进步增添清单内容。如果你以后需要写个人陈述，这份清单将对你有用。

如果不知道从何写起，请参考下表。

要点	具体内容	证据、理由和简要分析
我的职业兴趣		
我的气质		
我的职业性格		
现有的专业知识		
已经拥有的专业技能		
在专业学习中取得的进展		
有别于其他学习者的优势		

我们建议你每一学期（半年）更新或重新列表，明确自己的进步与不足。

第4步 分配时间和资源

案例

我的时间组织能力

当我刚开始专业学习时，我似乎有很多时间。第一周几乎没有任何课后作业，因为一切都才开始。我感觉很轻松，完全没有意识到之后可能需要做多少工作。

于是我开始放心地玩起来，随着专业课程的进展，学习任务的工作真的开始堆积起来，我差点不能按时交出作业，因此我不得不通宵加班。第二天，我太累了，完全不能好好听课，在课堂上睡着了。

我觉得这正在成为一个大问题，所以我做了一个图表，列出我一天到一周干了些什么，看看时间花在哪里。

我很惊讶地发现，我花了很多时间与朋友在网上聊天、联网打游戏。所以我决定试一下，每天尽可能在吃晚饭前完成学习任务和小组的工作，晚上分配两个小时来玩，并且尽量到室外运动一下。

坚持了一段时间，感觉还可以。每天完成学习任务后打两个小时游戏啊，或者安排其他活动，让我很放松。我也尝试了一两次学习更长时间，但是我发现我会感到无聊，不能集中注意力，或者第二天感觉很累。

现在我们学习小组的同学都把时间进行了相互协调，大家合作完成任务很愉快，我们几个男同学还可以统一时间去踢足球。

反思

有没有一段时间，你发现不容易安心学习还常常分心？什么最有可能分散你的注意力（比如，手机信息）？如何防止这些干扰？

大多数学习者都必须将专业学习与其他生活安排相结合，比如你想见你的朋友，保持你的爱好和兴趣。成功地平衡这一切，意味着你需要能够合理地分配你的时间。

这包括计划做什么和何时做，以防止意外情况使你手忙脚乱。随着专业学习的进程，学习任务的工作量可能会增加，合理分配时间就变得更加重要。在某些情况下，你需要同时完成两个或多个任务。虽然我们的课程安排都试图避免这种冲突，但有时是不可避免的。

要成功应对，你需要一定的时间管理技能，特别是：

• 如何安排你的时间，以提高工作效率。

• 如何确定任务的优先级。

• 如何克服时间浪费。

4.1　组织你的时间

• 采用日记或列表来计划时间，甚至使用不同颜色的笔标注。

你的学习任务计划，比如作业日期、教程、访问时间。

重要的个人计划，比如体育比赛、家庭聚会、朋友生日。

你的工作计划，比如实习或假期兼职安排。

提示

相比日记，图表式计划可能对时间计划更有用，它可以描述你几个星期的未来计划，还可以随时补充、更新它。保留好你的时间计划表，并定期检查，以便事先就重要日期提示你自己。

• 确定你当前是如何使用时间的。

弄清楚你在课堂学习、课后任务、家庭和社交活动上分别花了多少时间。

确定哪些事至关重要，哪些是可选的，如有必要，做个取舍以获得"额外"的时间。

• 计划和安排未来的任务。

记下你必须完成的任务。

标注这些任务的最终期限。

为每个任务分配时间。

•决定你完成学习任务的最佳时间。

首先确保你自己有充裕的时间完成你专业课程的学习任务。

尽量将学习安排在一天中你感觉状态最好的时候。

固定你的学习时间，学会应对突发任务。

如果你现在是"夜猫子"，从提前一个小时睡觉开始，尝试着换一下时间。

•决定在哪里学习和工作。

选择可以集中注意力的地方。

确保你需要的资源有空，比如人员或专业设备。

如果坐下来学习，你还需要良好的照明和一把好但不是太舒服的椅子。

如果你在寝室找不到合适的空间，可以考虑去教室、实训室或图书馆。

提示

当你开始工作时，给自己设定一个目标，这样你最后就会感到积极和富有成效。始终尝试在任务进展顺利时结束一天的工作，而不要在遇到问题时结束工作，这样你会更渴望第二天回到这个项目中。结束时记下下次需要继续的任务。

•提前计划。

如果作业不清楚，请尽快向指导教师寻求帮助。

将任务分解为便于管理的板块和步骤，比如查找信息、做出决定、创建工作计划、编写草稿等。

从任务最终期限倒推回来计划你的工作，以便留出充足的时间完成任务。

总是留出比你需要的更多的时间，早结束比时间不够用更好。

提示

如果是小组合作完成某项任务，则要组织并商定时间一起工作。确保你们有时间、场地可以满足工作所需，而不会打扰其他课程或团队。

- 自律。

不要因为你没有心情就把手头的工作放下。可以先做简单的任务，获得成就感，然后转向更困难的东西，使事情变得更容易。

计划休息。如果你努力工作，你需要不时改变活动模式来放松你自己。

如果你面临严重问题或个人危机，请立即与你的老师谈谈。

提示

确保你知道错过任务期限的后果，以及如果你有不可避免的问题（如疾病）可以给予的任务豁免或处理方式。

4.2　确定任务的优先级

优先意味着首先完成最重要和最紧迫的任务。通常，这些任务或作业已经非常接近最后期限，或将影响你的整体课程成绩。

确定优先级的一种简单方法是将任务按 A、B、C 类分组。

A 类任务	这些任务必须马上完成，因为它们非常重要且不能延迟。比如，必须在明天完成设计任务并要上交学习成果
B 类任务	这些是如果你有时间你应该尽快完成的任务，否则它们将迅速成为 A 类任务。比如，为完成下一个学习任务，找到一本书，因为其中的信息是你马上需要的
C 类任务	这些是你应该抽一些时间逐步完成的任务。比如，整理和抄写在专业讲座中速记的笔记

另外，也必须兼具灵活性。如果你在团队工作，那么在安排时间时要考虑其他人的时间表。比如，为了留出时间让信息送达到其他人，你必须提前发送信息。

4.3　避免浪费时间

很多人都有忽视时间的问题，这可能是因为他们的工作经常被打断，或者因为事情总是出错而反复修改。不管是什么原因，最终结果都是工作没有按标准完成。

如果这种情况经常发生在你身上，你需要采取措施重回正轨。这里有一些有用的提示。

• 当你开始工作时，提前告知他人。

请他们不要打断你。

如果你在一个单独的房间，关上门。如果有人进来，要清楚说明你在工作。

如果这不起作用，找别的地方（或其他时间）工作。

• 关闭手机、电视和收音机，以及你的音乐播放器等。

不要回复短信或拨打电话。

设置手机，让语音信箱应答或告知他们稍后回电。

注意，某些音乐有助于工作效率，但只是对某些人有效。

• 在工作时要严格要求自己。

在完成工作之前，不要检查你的电子邮件、社交软件等。

搜索信息时不要分心，避免被其他无关信息吸引。

远离社交、购物网站。

• 避免"置换活动"。

所谓"置换活动"，通常都是些乏味的工作，比如清洁你的计算机屏幕。然而，在艰难的工作阶段，这些突然看起来比工作更有吸引力、更好玩了。

📍 提示

管理自己的时间的第一步是学会友好地说"不"。当你应该工作时，如果有人邀请你做一些诱人的事，你必须要拒绝。

🔑 要点

• 控制你的时间可以让你平衡你的任务，根据它们的重要性进行安排，意味着你不会让任何人失望。

• 组织自己的时间包括了解你现在如何花费时间、规划何时何地最适合工作、安排任务，以及设定合理的时间以完成工作。

• 知道如何确定优先级意味着你将根据其紧迫性和重要性有效地安排工作。你需要自律来遵循你为自己设定的时间表。

• 找出可能浪费时间的事情意味着你可以预防，以便更轻松地实现你的目标。

⊙ **提示**

　　管理自己的时间的好处包括：压力较小（因为你不会老是面对问题或危机）、工作更轻松、有时间用于社交或个人爱好。

⊙ **学习活动**

　　"对自己的学习和生活负责"有什么好处？

　　1. 填写下表。每个区域的满分为 5 分：其中 0 是最低的，5 是最优秀；也可以请你的家人、朋友或同学给你打分，看看你是否能解释这些分数差异。

	自评分	其他人的评分
守时		
时间组织能力		
整洁		
工作认真		
发现和纠正自己的错误		
解决问题		
承担责任		
处理详细信息		
计划如何完成工作		
主动性		
善于思考、出创意		
遵守工作任务的最后期限		

2. 针对上表中需要改进的领域，找到对应的改进方法。如果需要，可以与你的专业指导教师讨论一下。

需要改进的领域	改进方法

提示

在专业学习中，不要浪费时间做分散你注意力的事情。在媒体行业工作，浪费时间将产生极大的成本。

学习活动

1. 确定任务优先级。

找出这个学期内你有多少个学习任务，当你明确了这些任务后，把相关信息写入你的日记或计划中。

想想你的生活安排，是否与你的学习任务发生冲突，并决定如何解决。

确定你即将完成的主要任务，将其划分为几个板块，为每个板块分配时间，并留出一些空闲时间应对突发问题。

如果需要，先就你的想法与专业指导教师讨论一下，然后再把它们放到你的时间规划中。

2. 规划你的时间。

在明确任务的基础上，完成下面的每周计划表。以安排你的学习任务项目进度和课后作业的时间。

你可以先试着做一到两周的计划，试行一下。计划包括：

- 课程（必修课、选修课、在线学习）
- 工作（比如专业学习任务、企业跟岗实训、兼职工作）
- 社交（比如学生社团或体育活动）

如果你需要在校外与团队中的其他同学讨论或合作工作，比如外景拍摄或采访，请确保团队所有成员都有时间。

	上午	下午	晚间
星期一			
星期二			
星期三			
星期四			
星期五			
星期六			
星期日			

4.4　合理利用资源

案例

合理利用学习资源

我现在在广播电视节目制作专业学习，与我同寝室的有网络新闻与传播专业的同学，课后时间我也经常跟影视动画专业的同学一起玩。

我们发现，虽然专业各不相同，但我们的专业课程中有不少相通的内容。比如我们的专业都会涉及处理大型计算机文件，像照片、视频、动画之类的，所以我们都需要学习使用数码相机、电脑和专业软件等。

专业相机之类的设备都很贵，都由学校提供。有些同学有自己的相机，但我没有。我准备假期找兼职存钱，再由父母"赞助"一点，就可以买一台入门级的单反相机了。

我们学习小组有 5 个人，其中 3 个人有自己的笔记本电脑，他们是在入学时咨询了专业老师后购买的。有自己的电脑是比较方便，但我不想增加家里的负担。我在课后也可以去实训室使用学院提供的电脑，对我完成学习任务完全没问题。

反思

想想你专业学习所需的主要资源。你拥有哪些资源？你打算如何获取你没有的那些？

学习资源，并不仅仅是硬件设备，而是指可以帮助你成功完成专业学习的所有的东西，比如你最喜欢的专业网站、你的同学、参考书、电脑……

学院将提供必要的学习资源，比如配备适当书籍的图书馆、数字化课程资源、电脑、摄影设备等。一些基本学习资源必须由你自己出资，比如教材（教科书、印刷讲义）。

提示

当有空余设备时，你可以在课后向学院借用设备，但这些设备首先必须保证专业教学所需，请理解。

请善待你的教材，保存好它们。甚至在你毕业后工作之余，这些书籍将更具有阅读价值，因为那时你将带着工作经验去读它们。

下面是一个资源列表，提供了充分利用这些资源的提示。

• 学习资源

课程信息，包括你的专业课程学习任务说明、本手册以及学校、学院和本专业网站、学习平台上与你学习有关的所有信息。确认你能找到你需要了解的一切信息，并将其保存下来，以便随时查阅和参考。

课程材料，包括教材、课程讲义、数字资源、你自己的笔记等。对于散在的、分发的纸质材料，可将其装订在专门的文件夹中。如有必要，可以按你学习的每门专业课程，分别归类为单独的文件夹。数字资源大多保存在开放课程平台等在线资源库中；如果是由指导教师提供的，也可以归类保存在你的电脑或移动硬盘等设备中。

提示

及时整理笔记和讲义，将保证它们不会丢失；将笔记和讲义整理归类保存，将保证在你需要的时候你不必浪费时间寻找它们。

实际上，整理和归档各类材料，也是通用职业技能之一。从现在开始养成好习惯，也会对你将来的工作有很大帮助。

•设备

你需要数码相机、数字摄像机、存储卡、电脑，以及其他辅助设备。学院会提供专业学习所需的数码相机、数字摄像机、灯光、影像采集辅助设备，以及专业课程所需的电脑等；存储卡可能需要学习者自行购买。

如果条件允许，你也可以购买数码相机、电脑等主要设备。如果你善加利用，个人专有设备将为你的专业学习提供较大程度的便利，但这也是一笔不小的花费，所以请充分考虑。

提示

为保障素材安全，存储卡（数码摄影摄像所必需）可能需要学习者自行购买。如需了解购买设备的相关信息，请首先咨询你的专业指导教师。

学习活动

列出现阶段专业学习任务可能所需的资源。确定哪些将由学校或学院提供，哪些需要你自己准备。

再次浏览你的列表，确定你已有的资源（或知道如何访问）和你没有的资源。

将你的列表与你的通信录之类的进行比较，并决定如何获取和访问所需的资源。如果发现有忘记列出的项目，请添加到你的列表中。

标出你需要获取的资源项目，并为此设置目标日期。

可能所需的资源	由谁提供	已有 / 没有	如何获取及日期

续表

可能所需的资源	由谁提供	已有 / 没有	如何获取及日期

• 人员

专业指导教师、学院的专业工作人员、你的同学、实习或兼职工作的雇主和同事，以及你的家人和朋友都是宝贵的资源。许多人都具备特殊的技能，或从业于与你的专业学习相关的职业领域。与他人（特别是其他学习者）交谈，将有助于你理清在课堂上可能没有充分理解的问题。你学习小组中的伙伴，是另一个有用的资源，你们将在合作学习中相互促进。请记得感谢他们的帮助。

当你为获取信息而访问他人时，要保持礼貌。事先准备好你要问的问题，始终记得你是在寻求他人的帮助，而不是要求他人完成你的工作。如果你的学习任务或实训项目需要采访他人，充分的事先准备最为重要。

如果为你提供帮助的人恰好是传媒行业的专业人员，请注意，不要复制他们的（或他们介绍给你的）作品，那是剽窃。

提示

积极主动的态度、探究性思维，以及专注于重要的人和事的能力，将对你学习和工作的最终结果产生重大影响。

学习活动

1. 在下面的表格中，列出你认识的可能对你的学习有帮助的人，以及他们可能在哪一方面如何帮助你。

某人或团队	可能在哪一方面如何帮助你

提示

　　人有时是你最有用的资源。比如，学习小组成员可以共享笔记，朋友可以借给你相机等设备，专业教师或本地媒体行业的从业人员可以向你提供工作经验等。

　　2. 小组合作学习，是本专业的主要学习方式之一。充分了解你自己的学习小组，不管是你们的自行组合，还是由你的专业指导教师指定分组。仔细想想，该如何充分利用小组学习的方式。

　　比如，学习小组成员可以共享讲义、互相提醒重要的消息、互评作品……保持联系和讨论，以便交流想法和共享资源。

　　与你的学习小组讨论一下，就如何充分利用小组学习，可以列个表或拟订共同计划。

要点

- 找出你可以利用的学习资源，并明智地使用它们。

- 在着手完成学习任务之初，确认你已拥有所需资源。

- 了解如何使用中央设施和资源，如图书馆、学习资源中心和计算机网络。始终遵守中心 IT 使用政策。

- 人员是关键资源。比如老师或学院的工作人员、同学、实习或兼职工作的同事、你的家人和朋友，以及你可能认识的新闻传播领域的从业人员。

第5步 提升你的技能

你做过什么成功的事情？比如：

在许多不利的情况下如期完成了一项重要学习任务；

在你的建议或者带领下，班级或者社团的面貌得到改变；

朋友在你的劝说之下，心情好转或者改变了原来的主意；

成功地找到兼职工作；

曾经在几百人面前成功地做过演讲；

······

如果你能用写故事的形式讲述自己的成功，那就可以更全面地发现自己的技能。回忆你的故事并记录下来，尽量保证你的每个故事都有下列要素：

- 目的，即需要完成的事情；
- 有利条件和面临的障碍、局限；
- 用什么方法克服了什么困难；
- 对结果的描述；
- 对结果的量化（效果）评估；

这样你可能会发现一些自己不曾意识到的能力。

能力是指顺利、有效地完成某种活动所必须具备的心理条件，是人格的一种心理特征。职业能力是指在从事某种职业活动中必须具备的各种技能。

本部分旨在帮助你提升完成任务所需的技能，以便你在学习和工作中做得更好。你可能已经擅长于某些技能，而其他方面可能需要进一步改进。

在专业学习乃至未来的工作中，除影视制作、新闻传播、动画设计制作、动漫制作技术、媒体运营等专业技能外，你需要发展、展示和进一步提升的技能还包括：

- 学习技能
- 沟通技能
- 计算能力
- ICT 技能（信息与通信技术）
- 文案、校对和文档制作技能

提示

沟通技能、计算以及 ICT 能力，是基本职业技能（有时也称为通用职业技能）中的最基础和必要的组成部分。

5.1 个人素质和技能

个人素质和技能，主要指你的个性、学习和思维能力，可以保证你既能够独立工作，又能自信地与他人合作，并在工作中更高效。你将在三年专业学习中，通过实训获得各种经验；随着你在各种任务中承担不同的角色和责任，这些能力将得以发展和提升。

这些技能可以分为六组：

1. 独立调查者

能处理、评估和分析从不同的渠道和视角调查所得的信息。能制订计划做什么和怎么做，并能预估采取不同方案所带来的不同效果。

2. 创造性思维者

能产生和探索不同的创意。能在创意、事实和经验之间建立联系，使自己具有创造力和富有想象力。

3. 反思型学习者

能自我评估和评价他人。能评估自己的优势和局限，为自己设置现实的目标，监控自己的行为，且乐于接受反馈和意见。

4. 团队合作者

能与其他人员协作实现共同目标。能公平和友善地对待他人，无论是作为团队领导或成员，都能考虑和采取不同的意见。

5. 自我管理者

组织良好，表现出个人责任感、主动性、创造力和一定的创业能力。敢于面对挑战和承担责任，并且在情况改变时具备灵活性。

6. 高效的参与者

在学院、学校、实习工作场所，或更广泛区域的学习和生活中，坚持负责任的行动方式，促使自己进步，并为他人带来正面影响。

学习活动

1. 本手册中许多部分的内容都与你的个人素质、学习和思维能力相关。下面列出了 6 个部分的标题，请仔细阅读上面方框中的内容，并将上面 6 个技能组的编号写在下面对应的章节标题旁边。

a. 分配时间和资源＿＿＿＿＿＿＿＿＿＿＿＿＿＿＿＿＿＿＿＿＿＿＿＿＿＿＿＿＿

b. 研究和分析信息＿＿＿＿＿＿＿＿＿＿＿＿＿＿＿＿＿＿＿＿＿＿＿＿＿＿＿＿＿

c. 团队合作高效工作＿＿＿＿＿＿＿＿＿＿＿＿＿＿＿＿＿＿＿＿＿＿＿＿＿＿＿

d. 了解你自己＿＿＿＿＿＿＿＿＿＿＿＿＿＿＿＿＿＿＿＿＿＿＿＿＿＿＿＿＿＿＿

e. 创新表现展示自我＿＿＿＿＿＿＿＿＿＿＿＿＿＿＿＿＿＿＿＿＿＿＿＿＿＿＿

f. 机会与问题管理＿＿＿＿＿＿＿＿＿＿＿＿＿＿＿＿＿＿＿＿＿＿＿＿＿＿＿＿＿

2. 填充下表，理清你的个人素质和技能。

a. 请提供证据来支持你的判断，比如某时间、某场合、某事件足以证明你具备某项技能优势。

b. 确定你的优势领域，并在对应的"强"列标注一个"√"；找出你不太擅长的领域，并在对应的"弱"列标注一个"+"。

个性、学习和思维能力				
技能组	技能示例	技能适用的时间或场合	强	弱
1. 独立调查者	查询信息 提出问题策略 比较冲突信息和协调不同观点 合理决策			
2. 创造性思维者	寻找富有想象力的解决方案 建立创意与事实之间的连接 探索新方法 把握创新的机会			
3. 反思型学习者	能为自己设定目标 监控自己的工作进度 鼓励与反馈 处理挫折或接受批评			

续表

技能组	技能示例	技能适用的时间或场合	强	弱
4. 团队合作者	协同完成工作 应对不同的观点 调整自己的行为 公平和友善			
5. 自我管理者	自我激励和展示主动性 积极应对变化 合理分配时间和组织资源 处理压力 管理情绪			
6. 高效的参与者	明确他人关心的问题 提出有说服力的论点 为他人带来正面影响 指出前进的方向			

c. 然后，确定一两个适当的小目标，这个目标应该能够在下一个月实现，在表格空白处注明目标和计划实现的时间。在接下来的一个月里努力达成目标，再确定下一阶段目标，以严格自我管理的方式促进自己的能力提升。如有需要，可以与你的专业老师或班主任谈谈你的计划和想法。

目标	1. 2.

参考答案

a. 分配时间和资源——5 自我管理者

b. 研究和分析信息——1 独立调查者，5 自我管理者

c. 团队合作高效工作——4 团队合作者，6 高效的参与者

d. 了解你自己——3 反思型学习者，5 自我管理者

e. 创新表现展示自我——2 创造性思维者

f. 机会与问题管理——1 独立调查者，2 创造性思维者，3 反思型学习者，5 自我管理者

5.2　学习技能

教育家伯尔赫斯·弗雷德里克·斯金纳（B.F.Skinner，1904—1990）有一句关于"剩下来的东西"的名言："如果我们将学过的东西忘得一干二净时，最后剩下来的东西就是教育的本质。"这个"剩下来的东西"就取决于你的学习技能。

大学不是培训班，而是帮助学习者适应工作岗位、适应社会的平台。在中学阶段，老师会一次又一次重复每一课的关键内容；大学老师更多则是充当学习引导者的角色，学生必须自主学习、主动实践，待到走上工作岗位，自学能力就显得更为重要了。

学习需要认真的态度、合理的习惯，以及高效的方法。

5.2.1　你的学习模式

学习模式是假定能够使个人达到最佳学习状态的方法。比较常见的是通过生理知觉进行分类，可以简单地分为三种类型：视觉模式、听觉模式、触觉／动觉模式。

学习模式理论，并非唯一的、绝对的。但学习者可以进行一些简单的学习模式自我评估，这将有助于找到自己擅长的学习方法，提升学习兴趣与信心。

学习活动

你最擅长的学习方法是什么？完成以下测验，将可以大致描述你的学习风格。请迅速选出你认为最适合的选项，不要长时间思考。

请在"参考答案"部分查看结果与建议。

---

1. 在学习新东西时，你

（a）喜欢借助图表、海报或演示。

（b）喜欢有口头指示。

（c）采取行动，去尝试。

2. 在读书时，你

（a）在头脑中，根据文字描述会形成情景画面。

（b）很享受书中角色的对话，甚至会读出来。

（c）有时读一点武侠或玄幻小说，但不太喜欢看书。

3. 在书写时，你

（a）写某个词时仿佛看到了对应的东西。

（b）习惯于一边默念一边写。

（c）先写出来，再看看它看起来"感觉"对不对。

4. 在专注于某件事时，你

（a）会因为周围的动静和不整洁所分心。

（b）被工作区域的噪声分散注意力。

（c）即使很短的时间，也很难坐得住。

5. 在解决问题时，你

（a）将问题写下来，或绘制图表，制订可视化方案。

（b）与某人（或你自己）讨论。

（c）面对具体对象以找到解决方案。

6. 如果要把什么东西组装起来，你

（a）遵循说明书，看看上面的图片。

（b）希望有一段专门的视频来解释该怎么做。

（c）不看任何说明，直接试着开始组装。

7. 在试图回忆一个不太熟的人时，你

（a）记得此人的脸，但不是他的名字。

（b）记得此人的姓名，但想不起他的长相。

（c）清晰地记得你遇到他的情景。

8. 在给某人说明道路时，你

（a）首先拿出可视化路线，或马上绘制简单地图。

（b）明确、简洁地说明。

（c）带着肢体语言和手势向他们说明。

9. 如果需要特定计算机软件的操作帮助，你会

（a）找带有图片说明的教程来学习。

（b）向某人寻求帮助。

（c）坚持不懈，试着做并设法自己解决。

10. 你可以很好地记住一张项目列表，如果你

（a）写下来。

（b）背诵。

（c）用手指着数一数表里的物品。

参考答案

你的学习模式：

每个选项有对应的得分（a=5，b=2，c=1），总计得分高低仅仅代表你在学习上的

行为倾向，与其他无关。许多人可能有多个学习风格，所以你可能会发现，你在每个类别中都有一些选择。你选择最多的那一类，可能是你的主要学习风格。

如果您的大多数回答是（a），你是一个视觉学习者。

如果您的大多数回答是（b），你是一个听觉学习者。

如果您的大多数回答是（c），你是一个触觉学习者。

5.2.2 你的学习风格

巴巴拉·A. 所罗门（Barbara A.Solomon）从信息加工、感知、输入、理解四个方面将学习风格分为四个组，共八种类型：

1. 活跃型与沉思型

活跃型学习者倾向于通过积极地做一些事情、讨论或应用、解释给别人听来掌握信息，而沉思型学习者更喜欢安静地思考问题。

"来，我们试试看，看会怎样"，这是活跃型学习者的口头禅；而"我们先好好想想吧"则是沉思型学习者的通常反应。

活跃型学习者比沉思型学习者更喜欢集体工作。每个人都是有时候是活跃型，有时候是沉思型的，只是有时候某种倾向的程度不同，可能很强烈，或一般，抑或很轻微。

2. 感悟型与直觉型

感悟型学习者喜欢学习事实，而直觉型学习者倾向于发现某种可能性和事物间的关系。

感悟型的不喜欢复杂情况和突发情况，而直觉型的喜欢革新不喜欢重复。感悟型的比直觉型的学习者更痛恨测试一些在课堂里没有明确讲解过的内容。

感悟型的对细节很有耐心，很擅长记忆事实和做一些现成的工作。直觉型的更擅长于掌握新概念，比感悟型的更能理解抽象的数学公式。感悟型的比直觉型的更实际和仔细，而直觉型的又比感悟型的工作得更快、更具有创新性。

感悟型的不喜欢与现实生活没有明显联系的课程；直觉型的不喜欢那些包括许多需要记忆和进行常规计算的课程。

每个人都是有时是感悟型的，有时是直觉型的，只是有时候其中某一种的倾向程度不同。要成为一个有效的学习者和问题解决者，你要学会适应两种方式。如果你过于强调直觉作用，你会错过一些重要细节或是在计算和现成工作中犯粗心的毛病。如果你过于强调感悟作用，你会过于依赖记忆和熟悉的方法，而不能充分地集中思想理解和创新。

3. 视觉型与言语型

视觉型学习者很擅长记住他们所看到的东西，如图片、图表、流程图、图像、影片和演示中的内容，言语型学习者更擅长从文字和口头的解释中获取信息。当通过视觉和听觉同时呈现信息时，每个人都能获得更多的信息。

大部分人都是视觉型学习者，通过听讲和阅读写在黑板上及课本里的材料来学习这种方式获得的信息量，不如通过呈现可视材料的方法获得的信息量大。

4. 序列型与综合型

序列型学习者习惯按线性步骤理解问题，每一步都合乎逻辑地紧跟前一步。综合型学习者习惯大步学习，吸收没有任何联系的随意的材料，然后突然获得它。

序列型学习者倾向于按部就班地寻找答案，综合型学习者或许能更快地解决复杂问题或者一旦他们抓住了主要部分就用新奇的方式将它们组合起来，但他们却很难解释清楚他们是如何学习的。

链接

拓展学习

所罗门学习风格量
表及分析

5.2.3 你的记忆力

记忆是最基本的学习目标，也是最基础的学习技能。

如果你想通过学习获得一个更好的成绩，很多知识需要记忆；当你成为一名职业人，迫于职业压力需要不断学习才能提高自己的能力，同样要记忆很多知识，才能在工作中得以运用发挥。但是，你可能发现自己总是记不住、记不牢。

为什么别人很轻松，而自己学习那么痛苦？如果你态度积极，那么就是方法问题。提升你的记忆力，艾宾浩斯记忆法值得一试。

1. 艾宾浩斯遗忘曲线

赫尔曼·艾宾浩斯（Hermann Ebbinghaus，1850—1909）是德国心理学家。他一生致力于有关记忆的实验心理学研究，并在1885年出版了《关于记忆》一书，提出了著名的"艾宾浩斯遗忘曲线"。

记忆剩余百分比

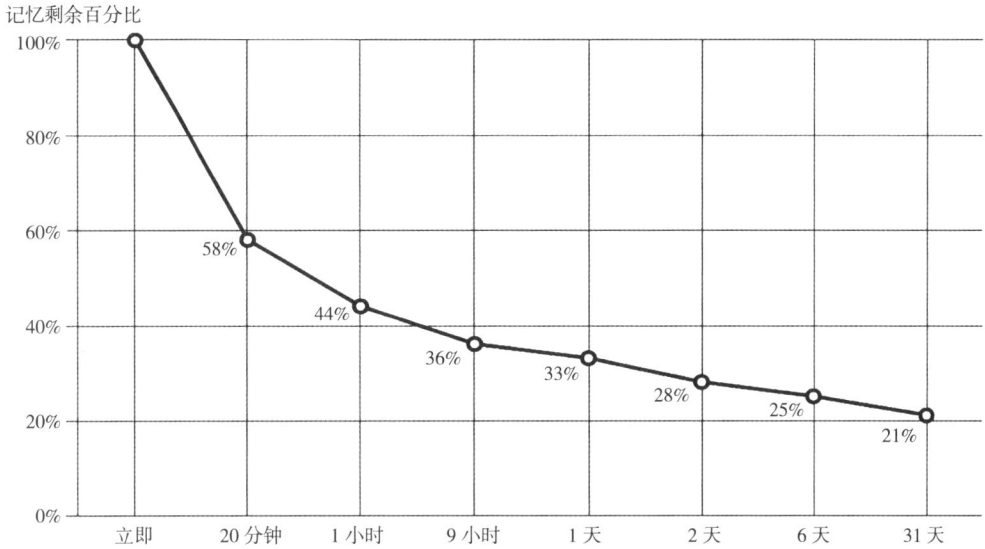

- 实验证明，学习结束就是遗忘的开始。
- 人在 20 分钟后只能记住 58% 的东西，1 小时后减为 44%，1 天后仅 33%，一个月后 21%……，随着时间变长能记住的东西就越来越少。
- 随着时间变长，记忆衰减也会变慢。

艾宾浩斯遗忘曲线解释了人类记忆的规律。

2. 艾宾浩斯记忆法

艾宾浩斯实验证明，需要及时地进行复习和自测，才能有效地将所学知识记牢。如果在 1 小时内回想一遍就可以记住知识，最好 1 天后再回忆一次，3 天后再回忆一次，更长的时间比如 1 周、1 月、半年、1 年……

这种方法被称为艾宾浩斯记忆法。

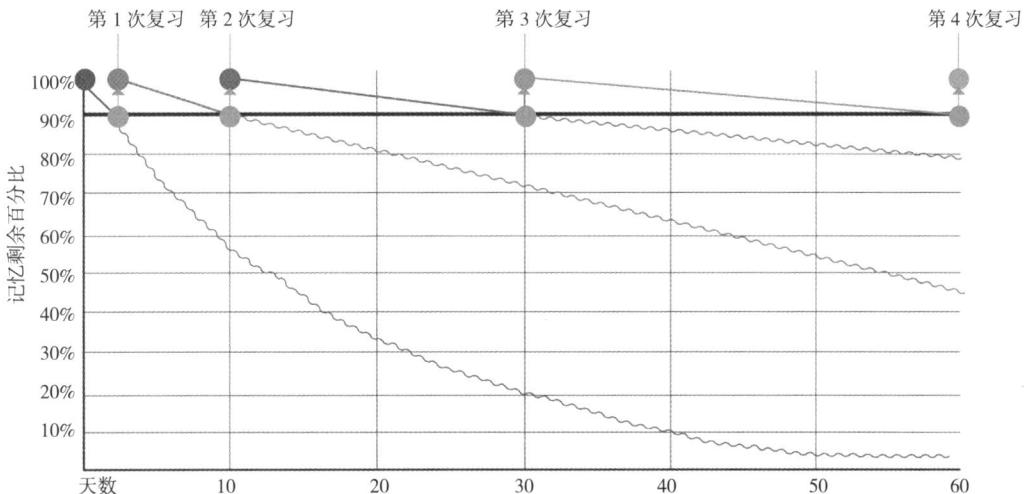

参照上图，我们可以简单地按 1 天、1 周、1 月、半年……安排自己的知识复习时间。

也可以按"147"简单规律执行，简单来说就是 1 天、4 天、7 天，1 月、4 月、7 月。

• 1 天，每天看过的书、学习的知识、工作中遇到的问题是如何解决的等等，记录下来。

• 4 天，把所记录的知识点总结归类，形成一个大的框架。

• 7 天，看看第 4 天整理的框架来回忆，回忆不起的翻书或查找笔记、资料等，再完善第 4 天的知识框架。

• 如此反复……

以上的学习计划，并不是非常严格的，都可以自行调整。比如，不一定非得第 4 天开始总结，也可以是第 2 天、第 5 天等等。如果你对此感到无从下手，也可以采用下面学习活动中所提供的建议表格来计划你的学习。

学习活动

请在下面的复习计划表中填充学习内容，并试着遵照此表的计划进行学习，特别是复习。若有需要，请你的专业指导教师解释和说明此表的意义和用法。

序号	学习日期	学习内容	长期记忆复习周期				
			1 天	2 天	4 天	7 天	15 天
1			—	—	—	—	—
2			1	—	—	—	—
3			2	1	—	—	—
4			3	2	—	—	—
5			4	3	1	—	—
6			5	4	2	—	—
7			6	5	3	—	—
8			7	6	4	1	—
9			8	7	5	2	—
10			9	8	6	3	—
11			10	9	7	4	—
12			11	10	8	5	
13			12	11	9	6	—
14			13	12	10	7	—
15			14	13	11	8	—

序号	学习日期	学习内容	长期记忆复习周期				
			1 天	2 天	4 天	7 天	15 天
16			15	14	12	9	1
17			16	15	13	10	2
18			17	16	14	11	3
19			18	17	15	12	4
20			19	18	16	13	5
21			20	19	17	14	6

链接

拓展学习

艾宾浩斯记忆法——
长期复习计划表

5.2.4　学习金字塔

"学习金字塔"是美国缅因州的"国家训练实验室"的研究成果，最早由美国学者、著名学习专家爱德加·戴尔（Edgar Dale）在 1946 年首先发现并提出。基于实验研究，学习金字塔形象地显示了采用不同的学习方式，学习者在两周以后还能记住内容的多少（平均学习保持率百分比）。

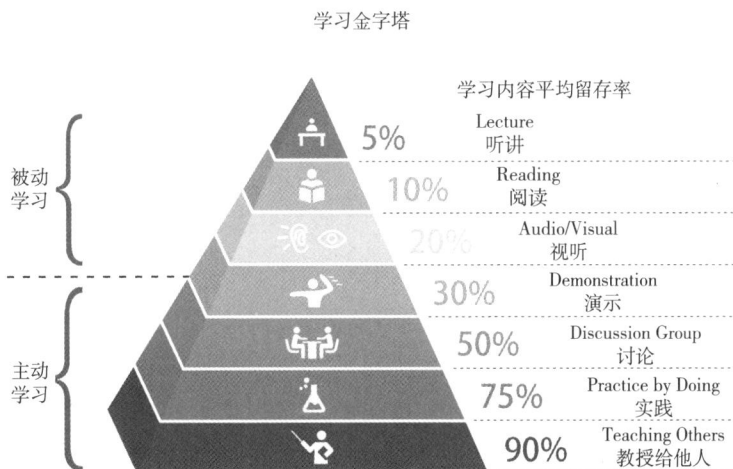

学习金字塔

学习内容平均留存率

被动学习
- 5% Lecture 听讲
- 10% Reading 阅读
- 20% Audio/Visual 视听

主动学习
- 30% Demonstration 演示
- 50% Discussion Group 讨论
- 75% Practice by Doing 实践
- 90% Teaching Others 教授给他人

第一种学习方式"听讲",也就是"老师讲、学生听"这种我们最熟悉、最常用的方式,其学习效果却是最低的,两周以后学习的内容只能留下 5%。

第二种,通过"阅读"方式学到的内容,可以保留 10%。

第三种,用"视听"的方式学习,比如看图、看影像、听录音等等,可以达到 20%。

第四种,是"演示",比如展览、现场观摩等等,采用这种学习方式,可以记住 30%。

第五种,"讨论",可以记住 50% 的内容。

第六种,"实践",可以记住 70% 的内容。

最后一种学习方式是"教授给他人",可以记住 90% 的学习内容。

爱德加·戴尔提出,学习效果在 30% 以下的几种传统方式,都是个人学习或被动学习;而学习效果在 50% 以上的,都是团队学习、主动学习和参与式学习。

提示

在新闻传播类专业学习中,我们经常会采用"小组讨论""做中学"等等合作学习和参与式学习。所以,请在学习中尽力保持你的主动性,多尝试"实践应用"甚至"教别人",这将极大提升你的学习效率。

学习活动

构建你自己的学习金字塔。

根据你对专业学习任务的了解,填写下表,将你的学习活动按学习方式归类。你还可以在今后的学习过程中,逐步补充和丰富此表的内容。

	学习方式	学习活动
被动学习	听讲	
	阅读	
	视听	
主动学习	演示	
	讨论	
	实践	
	教授给他人	

5.3 基本职业技能

要想在工作上取得成功，在事业上取得进步，需要掌握许多技能。有些技能可能是专业技能，或特定职业领域的技能，你可以在专业课程学习中提高。另一些技能则更为广泛，无论你学习什么或从事什么工作，这些技能都是必需的、极具价值的，比如团队合作、与他人进行清晰的沟通等等。

拥有胜任工作的能力，也就是具备职业所需的专业和通用技能。能力突出，你会更快、更好地完成工作，并积累更大的信心，更快地进步。

🔑 **要点**

- 专业学习的目的，就是发展和提升职业能力。
- 高效地完成专业学习也需要一定的技能和能力。具备必须的学习技能，才能充分利用你的专业课程，开发你的潜力。
- 知道和理解自己的长处和短处是成熟的标志。它会让你对自己的能力更有信心，并使你能够专注于需要改进的领域。

基本职业技能是每个人都应具备的实用技能，以确保高效地学习和工作。这些实用技能涉及语言文字运用、计算以及 ICT 能力。

5.3.1 提高你的沟通技能

1. 书面语言能力和沟通技能

良好的词汇应用能力能确保你清楚地表达自己。你所展现的作品，如果没有文字、语法和标点错误，将看起来更专业，并将增大他人理解你本意的可能性。

本专业的许多学习任务都将测试你的书面沟通技能。你应该努力改进薄弱环节，比如文字书写、标点符号或词汇运用。

请尝试以下方法，以帮助你提高书面沟通技能：

- 增加阅读量，因为这将帮助你学习新的词汇，且有助于你的语法。
- 充分利用字典理解词汇和成语，并尝试在谈话中使用它们。

• 访问同义词库（利用互联网），寻找其他词汇替代你经常使用的词，刻意避免在一个长句中重复使用同一词汇，增强你的工作语言多样性。

• 切勿使用你不了解的词，尽管它听起来令人印象深刻。

• 切勿在正式工作文档中使用网络语言，除非特定创意需要。

• 书写（或排版打印）整齐，确保他人感觉赏心悦目，能读懂你所写的东西。

• 规范使用标点符号，尤其是正确使用数字编号，这一技能可以利用互联网在线学习。

链接

拓展学习

中文标点符号使用
规范

2. 口头和非语言沟通技能

恰当的交谈，意味着使用正确的词汇和语气；使用正确的肢体语言，意味着发送积极"信号"来强化你所传达的信息，比如当你说"你好"时对某人微笑。在工作中与人相处时，口头和非语言沟通技能至关重要。

以下是成功的语言沟通技能：

• 礼貌、机智和敏感地对待他人的情绪。

• 想想那些你喜欢听的词和短语，并在与他人沟通时使用它们。

• 使用简单的口头语言，以便于人们理解你。必要时，解释你的观点和意思。

• 以正确的节奏说话。别说得那么慢，以免听的人失去了兴趣；也别太快，以至于没有人能听清楚。

• 大声说话，让人们清楚听到你的声音，但不要喊。

• 考虑不同人的具体沟通需求，无论是面对高级经理、重要投资人、害羞的同事还是愤怒的客户。

• 认识到非语言沟通的重要性，以便你通过微笑、眼神接触、鼓舞人的点头或表现出兴趣来发送积极信号。

• 注意阅读他人的肢体语言，以及时发现他们是否愉快或不安，这样你就可以反应得当。

提示

　　针对不同的交谈对象、不同的场合，确保你采用适当的语气。面对一位成年人或者一个非常年幼的孩子，你会以同样的方式说话么？在项目提案、成果汇报或业务谈判中，你是否应更成熟、更具逻辑性地讲话？

学习活动

1.我们常常看到的交通指示牌有如下标注：

前方 50 米掉头

你看出这句话里的问题了吗？如何修改？请说明理由。

2.阅读方框 A 中的段落，并仔细检查它。然后在方框 B 中重写它，尽量保证没有文字书写、语法或标点符号错误。完成后你可以对照本手册"参考答案"部分所给出的建议版本，比较一下。

方框 A

语言文字信息管理网站列出了国家已发布的语言文字标准及日期如下。

一、现代汉语通用字笔顺规范 2005-10-27

2、信息处理用 GB13000.1 字符集汉字部件规范 2005.10.27

③、F3002-1999 GB13000.1 字符集汉字笔顺规范 2001025

4.GF3003-1999 GB13000.1 字符集汉字字序 (笔画序) 规范 2005 年 10 月 25

……

方框 B

3. 下表所列的每个情况中，每种肢体语言都有对应的含义。请根据你的理解填充下表。

情况描述	这种肢体语言可能是什么意思？
a. 你在与你的经理交谈，他双臂交叉于胸前，然后从你身边走开	
b. 你正在和你的朋友谈论他在周末做了什么，但他总避免与你眼神交流	
c. 课堂上，你的老师不停地在椅子扶手上敲击他的手指	
d. 每当你和队友谈起你们的下一个实训任务，她都会咬她的下嘴唇	

参考答案

语言文字技能——学习活动 1：

仔细辨识，"掉"应作"调"，这是个常用的错别字。标示内容应修改为"前方 50 米可调头"。同样值得注意的常用字还有"在"与"再"，"重"与"从"等。

语言文字技能——学习活动 2：

语言文字信息管理网站列出了国家语言文字标准及发布日期如下：

1. 现代汉语通用字笔顺规范（2005.10.27）

2. 信息处理用 GB13000.1 字符集汉字部件规范（2005.10.27）

3. F3002-1999 GB13000.1 字符集汉字笔顺规范（2005.10.25）

4. GF3003-1999 GB13000.1 字符集汉字字序（笔画序）规范（2005.10.25）

……

语言文字技能——学习活动 3：

a. 后退一步并交叉手臂在胸部前，可能表明你的经理正在你和他自己之间制造一个障碍。这可能是因为他对你不满，生气了。

b. 你的朋友可能对她在周末的行为感到内疚，或没有信心你会认可她将要告诉你的事。

c. 你的导师可能很焦虑，也许因为他有很多事必须去做，所以希望这节课迅速结束。

d. 你的朋友可能很担心下一个任务的内容或时间，她没有信心完成它却不得不完成。

5.3.2　提高你的计算能力

如果你认为算术与你的专业毫不相关，那么，再想想！

算术是一种基本的生活技能。如果你无法准确执行基本计算，那么你将面临一些你最不想碰到的问题。即使是在传媒行业的工作中你也经常会遇到各种情景中的数字，有些是客观正确的，有些则不是。除非你具备关于算术的基本能力，否则你将无法评估和处理工作中的数据。

良好的算术技能将提高你的自我表达能力，特别是在实训任务和今后的实际工作中。如果你在这方面有所不足，这里有一些策略可以帮助你练习和提高：

• 尝试在你的头脑中做基本的计算，然后在计算器上检查结果。

• 使用电脑软件时，学会使用软件（比如 Excel）中的基本公式和计算功能进行数据处理。

• 如果你的工作项目涉及重要而复杂的数学计算，请向你的老师或专业人士寻求帮助。

学习活动

1. 数字并不总是像看起来那样。

昨天晚上，苏菲在看电视栏目《谁想成为百万富翁？》。她听到主持人说，栏目至今已经举行了超过 500 期比赛，共 1 200 参赛者人平均奖金超过 5 万元；5 人赢得了百万大奖。

基于以上情况，苏菲说她准备报名参加比赛，因为每个人平均奖金 5 万元，她如果发挥好，说不定拿到百万大奖。

a. 根据给出的数字，500 期节目的总奖金大约是多少？

b. 假设苏菲被选中出现在节目中，并成为现场直播中的一个参赛者，你认为苏菲的论点"可以赢得平均奖金 5 万元"是正确的吗？请给出你的理由。

参考答案

a. 6 000 万元。

b. 苏菲的论点不正确，因为 50 000 是一个平均数，即一些参赛者会赢得更多，但许多人赢得少得多。相比赢得高额奖金的人，赢得较低奖金额的人占绝大多数，而且只有 5 名参赛者获得冠军的百万奖金。

2. 你有一份兼职工作，最近的工作任务是对自动饮料售卖机的使用情况进行调查。你完成了对 500 人的调查，并发现：

- 225 人每天仅使用机器购买一杯咖啡
- 100 人每天仅使用机器买一杯茶
- 75 人每天仅使用机器购买一杯冷饮
- 50 人每天仅使用机器购买一杯热巧克力
- 其余的人是非用户
- 男女用户比例为 2∶1

那么：

a. 本次调查中饮料售卖机的男性用户有多少？

_____

b. 本次调查中饮料售卖机的女性用户有多少？

_____

c. 计算出调查中使用售卖机的人所占百分比。

_____

d. 调查中常喝咖啡的与喝茶的比例是多少？

_____

e. 调查中喝咖啡的与喝热巧克力的比例是多少？

_____

f. 如果人们始终按调查所得比例进行消费，而上个月售卖机卖出 1 800 杯咖啡，那么冷饮的销售量是多少？

_____

g. 按以上答案计算，如果咖啡成本 6 元，所有冷饮平均成本 5 元，那么上个月这两个项目的总成本是多少？

_____

参考答案

a. 300

b. 150

c.（225+100+75+50）/500=90%

d. 225：100=9：4

e. 225：50=9：2

f. 600 杯

g. 1 530 元

5.3.3　提高你的 ICT 技能

良好的 ICT 技能，对日常生活的诸多方面而言都是宝贵的资产，而不仅仅是对那些学习信息技术的人或 IT 从业者有用。

这里有一些方法，可以帮助你提升信息和通信技术技能。

• 确保你会使用办公软件，以顺利完成工作任务，比如 WPS、Word、Excel 和 PowerPoint 等。

• 选择一个搜索引擎，并学会正确使用它。

• 开发和运用 IT 技能，帮助你完成工作任务。这可能需要学习：如何从一个软件到另一个软件导入和导出文本或图像；拍摄数码照片并插入到你的文档中；使用适当的软件创建图形或图表等。

学习活动

1. 通过在你的计算机屏幕上识别以下每项，检查你的 IT 术语基础知识：

a. 任务栏

b. 工具栏

c. 标题栏

d. 菜单栏

e. 鼠标指针

f. 滚动条

g. 状态栏

h. 插入点

i. 最大化 / 最小化按钮

2. 对于 WPS、微软办公软件（Word、PowerPoint、Excel 等）以及其他通用或常用的计算机图文工具，我们都可以通过在线学习，达到提升技能的目的。

a. 查找相关软件的官方网站，或在各大视频平台搜索，获取学习资源，通过在线学习和练习，提高你的计算机文字处理技能。

请将你获取学习资源的平台或网址记录在下表内。

软件名称	获取学习资源的平台或网址

b. 通过对比各个软件的功能、相似操作方法等，来评估你的 IT 技能。比如，对你来说哪些软件易于使用，而哪些更困难。

简要列出几条，以便于在学习小组内进行交流。

3. 搜索互联网，查询并确认以下各个术语的含义。

a. 门户网站

b. 缓存

c. 主页

d. 浏览器

e. 防火墙

f. HTML

g. URL

h. cookie

i. 超链接

j. 软件

提示

可以通过互联网找到一个内容比较全面的 IT 术语词典，保存这个网络地址，以供将来使用。

学习活动

4. 通过给自己打分，检查你的文档制作能力。就以下每项记 0 到 5 分，其中 5 分代表你可以很容易地完成，0 分代表你完全不会做。然后，专注于提高每个低于 3 分的技能。

我知道如何：

创建新文档和打开已保存的文档＿＿＿＿＿＿

使用鼠标单击、双击和拖动对象＿＿＿＿＿＿

使用下拉菜单＿＿＿＿＿＿

通过添加或删除选项，自定义我的工具栏＿＿＿＿＿＿

保存和打印文档＿＿＿＿＿＿

创建文件夹和子文件夹，整理我的工作文档＿＿＿＿＿＿

移动经常使用的文件夹到特定的位置＿＿＿＿＿＿

修改文档中的文本＿＿＿＿＿＿

在文档中选择、复制、粘贴和删除文本＿＿＿＿＿＿

在文档中快速查找并替换＿＿＿＿＿＿

插入特殊字符＿＿＿＿＿＿

在文档中创建表格或插入图表＿＿＿＿＿＿

更改文本字号、字体和颜色＿＿＿＿＿＿＿

添加粗体、斜体或下划线＿＿＿＿＿＿

添加项目符号或编号＿＿＿＿＿＿

左、右或居中对齐文本＿＿＿＿＿＿

页面设置和打印页面＿＿＿＿＿＿

校对文档，以便没有错误＿＿＿＿＿＿

给我的文档加上目录＿＿＿＿＿＿

5.3.4 文案、校对和文档制作技能

提高打字、文档编辑和一般的 IT 技能，可以帮助你节省很多时间。如果你技能良好，你的工作文档也将达到"更专业"的标准。

• 可以考虑学习"盲打"。你可以勤加练习，或者使用在线程序，利用互联网练习并自测，以提高打字技能。

• 明确各类文档所必须使用的格式，诸如申请、提案、报表或总结等等。尽量从各种渠道掌握这些文档的写作方式，无论是从老师、互联网、教科书，还是通过公共课学习获取。

• 养成仔细校对你的工作文档的习惯。软件拼写检查器不一定能找到你所有的错误，所以你必须在阅读的基础上自己修改和完善。

• 确保你的工作文案看起来更专业。使用合适的字体、字号、间距、行距，特别注意规范地使用标点符号。

• 如需呈交纸质文档，那么确保打印质量并整齐、美观地装订打印件，尽量使你的文档保持"完美"状态。

提示

在本手册中，你还可以在"分配时间和资源""研究和分析信息""团队合作与展示""目标规划和自我管理"等部分找到更多有助于提升个人能力和发展技能的信息。

第6步 研究和分析信息

案例

为专业学习和工作开展调研

在三年专业学习中，可能会要求你进行若干调查研究。比如：

• 特定传媒行业（比如电视或动画）中使用的技术的发展历史。

• 传媒行业中特定工作岗位的职责和相关的技能要求。

你可能还需要研究某些看似与传媒行业没有直接关系的资料，但这些资料可以用来帮助你完成作品的制作。比如，你正在设计制作一则禁烟主题的公益广告，则可能需要先做调研，找出年轻人吸烟的百分比、他们开始吸烟的原因等等，这将有助于你确认传播背景、目标受众、故事内容、画面风格等等，以提升诉求和送达的有效性。

你将在学习中独立进行一些调研，但更多项目将涉及团队合作调研、团队分享研究成果。

比如以下这个四人学习小组，在完成"调研哪些新电影最受年轻人欢迎"的学习任务时，提出的调研计划是：

• 在互联网上搜索相关统计数据

• 收集整理当前电影杂志上的信息

• 到网上的电影聊天室、论坛和电影评论网站看看

• 去电影院访问经理或售票处工作人员

• 制定一份问卷，让年轻人列出他们最近看过哪些电影、喜欢哪些电影

这些学习者非常明智地综合考虑了多种调研方法。特别是尽管在互联网上可以找到大量的信息，但他们并未仅限于在互联网上找资料。

反思

如果你唯一的研究途径是向你的朋友提问，你认为会有什么问题？

比较本案例中的学习小组使用的几种调研方法，你认为这个案例中收集信息的最佳方式是什么？

作为新闻传播类专业的学习者，你经常都需要查找信息。这种技能将对你的工作和生活帮助巨大，不管你几年后是步入职场还是继续学习，信息会让你更好地理解主题，有助于你的工作项目。有时可能只是缘于对某事非常感兴趣，信息调研也会让你有意想不到的收获。

无论你的目的是什么，也不管你的信息在哪里可以找到，都有高效的方法来完成信息调查分析任务。如果你根本找不到所需内容，或者找不到足够的信息，或者漫无目的地在图书馆游荡，或者盯着屏幕并不知道该在网上找什么，那么本部分内容会对你有所帮助。

6.1 信息类型

有许多类型的信息和许多不同的来源。根据任务不同，以下这些是你可能需要查找的信息来源：

• 口头信息。这包括与朋友、同学、同事、家庭成员交谈、听取专家解释他们所做的工作、采访行业人员、在提案或展示会议现场与客户代表讨论等获取的信息。

• 印刷信息。这包括印刷在报纸、期刊、书籍、海报、工作手册、宣传单上的信息。你阅读的杂志或报纸上的信息上可能有其特定的观点倾向，你可能需要特别注意。

• 书面信息。这包括课程学习任务说明和讲义、报告、总结和其他文档。如果要使用实习工作单位的书面信息，必须确认是否允许这样做，并且这些信息不能包含机密材料，比如设计方案、财务信息或员工姓名和私人地址等。

• 图像信息。这包括插图、漫画、草图、数字图形和照片。图像比文字更直观，图像信息也可能更珍贵，更不易获取。

• 电子信息。这包括来自电子来源的信息，如磁盘、储存卡、网络搜索引擎、开放数据库、网站、博客、网络论坛（BBS）、电子邮件和短信等等。网上可获得的大量信息既可能是帮助也可能是陷阱。通过互联网，你可以快速找到信息，但来源可能不可靠、信息可能过时、内容可能不准确、观点和态度可能不客观。

提示

过多的信息与找不到信息一样令人难以处理！关键在于，找到高质量的、与主题紧密相关的信息，并且知道什么时候该停止搜索，开始整理与分析。

尽量考虑更多的信息来源，不要只依靠互联网搜索在线信息！

学习活动

1. 回答有关查找信息的以下问题。

a. 除了书籍之外，列举你获得信息的四种渠道：

b. 当访问互联网或图书馆时，查找你想要的书的方法有：

c. 在图书馆，借阅和借出书籍的区别是：

d. 通过互联网或图书馆，你找到或正在阅读的专业书籍有：

2. 小组合作，回顾本部分中列出的信息来源。在每种信息来源类型下，列出可以从中获取的与专业学习相关的信息。看看每种类型下可以列出多少。

⊙ 提示

在学习活动或完成任务的过程中，记下你难以找到的，或者难以理解的那些信息，以便向你的专业指导老师提出并进行讨论。

6.2 信息调研计划与方法

在开始查找信息之前，花几分钟时间规划该怎么做。这样可以节省很多时间。以下步骤将帮助你执行此操作。

1. 明确范围

尽早明确你需要了解的信息类型范围，以免浪费时间到处查看无用的东西。

2. 明确目标

明确你的目标，以缩小搜索范围。思考为什么需要这些信息，以及你需要多少细节。比如，工程或影视制作领域的学习者可能都需要查找"噪声"的资料，但他们可能需要不同类型的信息，并以不同的方式使用这些信息。

3. 明确来源

确定你的来源，并检查你知道如何使用它们。你需要选择最有可能提供与你的目标相关的信息的来源，比如专业网站、行业期刊等等。

4. 拟订计划

计划并安排你的研究。从理论上讲，信息调研可以永远进行下去，因为不断有新的信息产生。知道何时"叫停"你的调研，也是需要技巧的。可取的方法是，事先拟订一个计划，明确何时应该停止查找并开始对获取的信息进行整理。

5. 有序管理

将信息规范地存储在专门的文件夹中。此文件夹应包括文章的打印件或复印件、有关你参加或观察到的活动的记录笔记、拍摄的照片或绘制的草图。按主题、分级标题将信息归类和排序，以易于查找。如果可能，最好创建目录和摘要，在你开始工作时，就可以迅速找到与你手上的任务最密切相关的资料。

⊙ 提示

在规划任务时，一定要为调研分配时间，这是项目任务的一个重要部分。计划时间时请充分考虑每个阶段的期限以及完成工作的最终期限。

信息研究方法有两种。一种称为初级研究，另一种称为次级研究。

6.2.1 初级研究

初级研究，主要涉及观察记录、收集原始数据、寻找有关问题或主题的新信息（第一手资料）。比如，调查受众对某传媒产品的看法或采访行业专家。进行访谈时，你将需要设计调查问卷。你的主要研究还可能包括自己观察或体验某些事物，并记录你的感受和观察结果。

6.2.2 次级研究与版权

次级研究涉及访问、整理、归纳书籍、文件、报纸或存储设备、计算机数据库或互联网上已经存在的信息（第二手资料），并根据你的目的对其进行评估。

这些信息由其他人准备，任何人都可以使用。如果你确定信息的来源，则可以引用该信息，但应该在你的文本中注明此信息来源，不要声称它是你自己的研究成果。信息来源说明（参考书目）必须包括作者名称、原文标题、出版商和出版年份，或者是在线资料的网址。编制参考书目也是应该熟悉和加以练习的技能。

高效完成调研的诀窍在于，选择最佳技术路线来实现你的目标，这可能意味着要使用多种方法和涉及多种资源类型。比如，要针对某个行业活动撰写报道或评论，你可以参与其中、做好笔记；可以采访参加的人、跟随并观察事件（也可以带上相机、摄像机跟拍）；也可以阅读媒体报道或在线评论。

⊙ 提示

在工作中始终确保记下你是从何处获得信息的（你的信息来源）。保存好记录，因为以后你可能很难凭空找出它的来源！

6.2.3 以人作为信息来源

如果你想从与某人或几个人的面谈中获得更多有效信息，则必须事先做好准备。以下几点，为充分利用面对面访谈提供了一些一般性建议：

- 确保你知道要获取所需信息应该问些什么问题。

- 能解释清楚你为什么需要该信息。

- 不要期望他人告知你机密或敏感信息。

- 清晰的笔记，特别注意记录谁告诉你、告诉你什么及何时告诉你。

- 记下你访谈的人的联系方式，并记得询问，如果需要再次与他们联系，他们是否介意。

- 感谢信息提供者的帮助。

如果你想征询很多人的意见，则可能需要进行调查。你将需要设计、分发调查问卷，回收并分析结果。如果将问卷设计为选择或定量答复（比如，是或否、对或错、五分制评分等等）而不是主观意见，会更容易操作：

- 请仔细考虑你的样本代表性（受调查者及其意见与主题的相关性）。

- 确定调查的有效人数，以确保结果有意义。

- 保持调查问卷相对简短。

- 感谢完成问卷的人。

- 及时分析结果，并迅速记录你的结论。

提示

在你的调查正式开始前，找一些志愿者完成你的问卷，测试以确保问卷中没有错误，并且问题都很容易理解。如发现问题，请及时修改。

学习活动

回答有关信息的以下问题。

a. 学院网站对你有用的信息有：

b. 你知道和认为值得访问的在线教程或数字设计杂志有：

c. 检查纸质或电子书籍、期刊是否包含你需要的信息的最快方法分别是：

d. 搜索引擎、门户网站、资源网站、论坛、在线课程之间的区别是（可举例说明）：

e. 收藏网址或建立书签的意思是：

f. 除了建议网站外，Baidu 或 Bing 还可以提供的服务有：

g. 提供与专业学习相关的有用信息的网站（或新媒体平台）有：

h. 对于需要了解更多信息的本专业的初学者，你能给出的有益建议是：

6.3　信息分析

6.3.1　避免陷阱

而今，在线资源已十分丰富，涵盖了很多主题，涉及一定深度的也不少，而且大多完全开放和免费。但是，正因为开放内容策略，这意味着任何人都可以贡献和编辑条目（比如"百度知道"）。人们可能会随意发布信息，无论信息是否正确、数据是否准确。负责任的网站会对其信息条目进行更多检查，但相对滞后。所以明智的做法是，通过多个信息来源检查和核实你找到的在线信息。

除了不准确之外，你可能还会发现信息的其他问题，尤其是在网上找到的资料。

•过时的资料。检查所有资料的发布日期，仅保留最新版本的书籍、报纸或杂志。对于某些时效性的调研，昨天的新闻可能都没什么用。

•不相关的细节。通常找到的文章仅其中一部分与你的搜索相关。比如，预测工作领域未来趋势的信息，常常与有关其历史的信息在一起，而我们常常也只需其一。有些学习者为应付学习任务，有时会用不相关的信息来凑够文字。实际上，如果你切实开展了调研，则可以获取足够的相关信息来达到目的，而避免这种情况。

•无效的假设。这意味着某人已经得出了错误的结论。比如你看到两个朋友在聊天，无论他们在谈什么，你可能认为他们在谈论你，这就是个无效的假设。要避免这样的问题，你只能仔细确认你的想法并通过调研获得支持这一想法的证据。

•偏见。人们对某个话题持有强烈看法，或者他们的情绪足以影响他们的判断。比如，采访热心的球迷，请他对球队的表现进行客观评价，这几乎是不可能的。

•既得利益。人们可能会在争论中坚持某种观点，因为这样做符合他们自己的利益。这种情景下获取的信息的客观性显然值得怀疑。

提示

不要简单地丢弃受偏见或既得利益影响的信息，只需说清楚你对问题的了解并已将这些影响因素考虑在内即可。

6.3.2 有目的地阅读

你可能喜欢阅读，也可能觉得乏味或困难。重点在于，根据你自己所从事的工作，从不同的阅读方式中找到适合的方式。比如，没有人会像检查报表那样阅读娱乐新闻。如果你使用适合自己工作目的的最佳阅读方法，则可以节省时间并更轻松地获取信息。以下是一些阅读方式的示例：

• 略读，用于检索新信息并获得一般概述。要略读书籍的章节，可以读第一段和最后一段，以及标题、小标题和插图。更进一步，可以阅读每个段落的第一句。

提示

新闻文章一开始都写有导语，因此请专注于第一或第二段。专题文章开头会有概述，论文的正文前有摘要，主要的信息已包含其中。

• 扫描式速读，用于查看文章是否包含你需要的内容，比如关键词、日期或技术术语。特别要注意，带引号的专有名称、数字、日期，以及常用粗体或斜体表示的术语。

• 泛读，是平时放松时的阅读方式，通常是为了娱乐而读，比如阅读杂志上的文章。泛读之后你可能不记得多少信息，因此这种阅读方式不适合用于学习或评价。

• 逐字阅读（校对），是很细致的方式，尽量不错过任何细节。比如，在提交作业或考试交卷之前，你对自己的答案进行校对。

• 阅读学习（主动阅读），意味着带着目的积极参与，以便你自己了解、理解信息并加以分析。大多数人很难自然地做到这一点，因此你可能需要努力发展这种技能。

6.3.3 批判与分析

批判与分析技能涉及查看信息以发现论点中的问题。这些技能对于将来就业或进入更高层次学习均十分重要。所以，在现阶段的高职专业学习中就加以练习，是有用和必要的。

"SQ4R"是一种了解、分析、评估和记住你正在阅读的内容的实用技术。作为一种高效的方法，"SQ4R"由六个步骤组成。

1. 调查（Survey）

首先得到一个总体的印象。浏览信息，了解信息的内容、编写时间以及由谁编写。

来源及其编写原因（目的）可能很重要。因为，绝大多数媒体都有自己的"倾向"，会影响其信息呈现方式。

2. 问题（Question）

质疑你阅读本材料的目的。你想找到什么？你期望它回答什么问题？

3. 阅读（Read）

仔细阅读信息三到四次。第一次读旨在得到内容的总体印象，利用字典或其他资源查找和认识新词汇（尤其是专业词汇）。然后更仔细地阅读几次，真正理解作者的意思。

4. 响应（Respond）

批判性地思考、审视信息，以及明确它与你正在研究的主题的关系。它是否完整、部分或根本不能回答你的问题？哪些信息是事实，哪些是意见？是否有证据支持这些意见？作者持有这种立场的原因是什么？你同意吗？它如何与你阅读的其他信息相关联？是否有相反的论点，是什么？是否有任何证据支持这一论点？总体而言，此信息对你的研究有多大用处？

5. 记录（Record）

通过一系列要点来记录信息。如有必要，可以通过记录的要点来唤起你的记忆，而不需重新阅读文章。

6. 检查（Review）

对照原始信息查看你的记录，检查以确保其已经包含所有要点。如果你也在准备演示文稿，复习笔记将帮助你更轻松地记住要点。

提示

"SQ4R"只是有助于学习和研究的阅读方法之一。你也可以尝试其他方法，并加以调整，以找到更适合自己的高效方法。

6.3.4 做好笔记

很多时候你都需要做笔记，比如听讲座、参观访问、阅读、调研、学习小组或班内讨论等等。单纯地记录，即使很详尽，也没有多大意义，除非你采用一种对今后有用的方式来记笔记。

记笔记是一项个人活动。有些人喜欢用箭头连接方框中的关键点，绘制成图表或草图，另一些人则喜欢严格编制一系列项目符号，将要点清晰排列。通过学习和工作笔记，你将发展形成自己的风格，但在刚开始专业学习时，以下提示可能会对你有所帮助：

- 使用 A4 活页纸，而不是小笔记本，这样你就拥有了更大的空间，无须经常翻页。

- 当你阅读学习、资料调研时，确保你有一本字典（当然可以是智能手机里的电子字典）、笔、活页记事本和荧光笔。

- 初次记录时在每页留一些空白，供以后添加或更正，也可以用来记录你自己的评论或研究所得。

- 将标题和首要信息写在每一页顶部，比如主讲人姓名、文献资料标题、主题以及日期。

- 使用标题和规范的番号，理清结构，保持笔记清晰和井然有序。

- 只写下相关信息，包括关键词和短语。不要用完整的句子记录，这会极大影响你的记录速度。

- 如果你正在阅读书籍或文章做笔记，请记住"SQ4R"。先读几遍，只有当你了解信息时，你的笔记才会有效抓住要点。

- 为要点加下划线、加粗，用荧光笔突出显示，以便今后阅读和查找。

- 笔记不是摘抄，即使面对电子文档也切勿大段地复制文本，始终使用你自己的语言文字进行记录。

- 清楚地标示引用，注释并记录资料来源，以方便你在工作中引用它们。可以参照"作者姓名、标题、出处及页码、出版商、出版日期和地点"的格式。

🔑 要点

- 有用的信息可以是口头的、手写的、印刷的、图形的或电子的。

- 有效的研究意味着你确切地知道要找什么，在哪里找。了解可参考的媒体在图书馆的什么地方，或者如何在线搜索，把这些重要信息来源保存好。

- 主要研究是你自己获取的原始信息；次要研究是别人准备的信息。如果你要采用次要研究的信息，则必须注明引用源，比如常见的列出参考书目。

- 你可以通过浏览、细读以及其他不同方式来搜索信息。阅读学习意味着积极地置身于文中，明确你正在阅读的内容，并做笔记来帮助你理解。

- 围绕某个调研主题广泛阅读，以获得并记录不同的观点。不要接受你读到的一切都是客观、正确的。仔细比较各个论点和论据，想想你获得的各方信息是否相符。

● 记笔记是一种需要时间来发展的个人技能。建议使用带有边距的 A4 活页纸，只记录重要信息，清楚地记录并贴上标签，以便查阅。

学习活动

1. 阅读以下陈述，填写表格，说明你的观点。

2009 年，由于信贷紧缩和消费需求的下滑，许多企业都在苦苦挣扎。一些企业直接倒闭，其余的纷纷采取裁员或减薪的措施。在这样的条件下，英国政府于当年 10 月份通过了低薪议案，提高最低工资标准。虽然提升很少，但许多工会都认为这比不改要好。英国政府还颁布了新的法律，禁止餐馆和酒吧采用小费制度，而必须保证员工工资达到最低标准。《独立报》发文称其为"公平报酬"运动的胜利，同时也报道说，英国酒店协会声称这可能导致多达 45 000 人失业。联合工会声称这个决议是低收入人群的胜利。但不是每个人都对这一改变持肯定态度，一些人认为根本就不该有小费，比如在澳大利亚就是实行工资制度；另一些人认为加拿大的制度比较好，工资较低，但顾客慷慨的小费可以激励员工提供更优质的服务。

在你看来，下表中哪些陈述是事实，哪些是意见？说明理由。

陈述	事实还是意见？	理由
a. 英国有最低工资标准以保障低收入人群		
b. 超过一百万人将受益于最低工资增长		
c. 英国关于小费的新法律，将禁止餐馆向员工支付低于最低标准的工资		
d. 采用澳大利亚制度，没有小费会更好		
e. 加拿大制度可以保证良好的服务		
f. 英国酒店业将有 45 000 人失业		

提示

确保你获取和记录的信息准确、最新、相关且有效。注意媒体或作者的立场偏见，不要把事实与观点混为一谈。

2. 所有媒体都有自己的推送和发布信息的方式。访问和了解网站或客户端，将有助于你比较不同的媒体的信息传播方式。

比较 4 个不同的网站或客户端，并记录它们：

a. 涵盖的信息类型。

b. 提出观点和意见的方式。

3. 如何进行调研。

我最近在研究网络游戏的目标受众，我设计了一个简短的问卷，找出目前哪些游戏在 30~45 岁人群中很受欢迎。

我的问卷共以下 3 个问题：

• 你同意"吃鸡"是如今 30~45 岁人群中最流行的游戏吗？是 / 否

• 你认为 30~45 岁的人喜欢什么游戏，为什么？

• 如果你 30~45 岁，你想玩大脑训练和街机游戏吗？是 / 否

我打算将调查问卷交给他班上的其他同学来完成。

a. 你认为我的策略有什么问题吗？请你谈谈理由。

b. 你会建议我做什么来改进我的调研？

6.4　思维导图

@ **案例**

拥有全世界最高创造力 IQ 的"大脑先生"

"思维导图是记笔记、备考的一个核心学习技巧，也是一个极富创造力的全新工具，用于更巧妙、更快捷地实施研究和复习计划。

思维导图是挖掘大脑无限潜力的革命性方法。我首次发现思维导图是在我的学生时代，那时我正在寻求记笔记的有效方法，我把思维导图用作为一种学习和记忆的方法。它不仅仅是一个帮助记忆的视觉工具，而且还是一个动态的和有机的复习工具、时间管理器、记忆激发器。"

——东尼·博赞

东尼·博赞（Tony Buzan），因创建了"思维导图"而以"大脑先生"闻名国际，成为了英国头脑基金会的总裁，同时也拥有"全世界最高创造力 IQ"的头衔。

反思

你接触过思维导图吗？你觉得对你有何帮助？

6.4.1　什么是思维导图

思维导图是用图解的形式和网状的结构，加上关键词和关键图像，储存、组织和优化信息，呈现在纸上（手绘）或屏幕上（利用特定工具软件）。其中的每个关键词和关键图像都承担特定的记忆，鼓励新的思维。

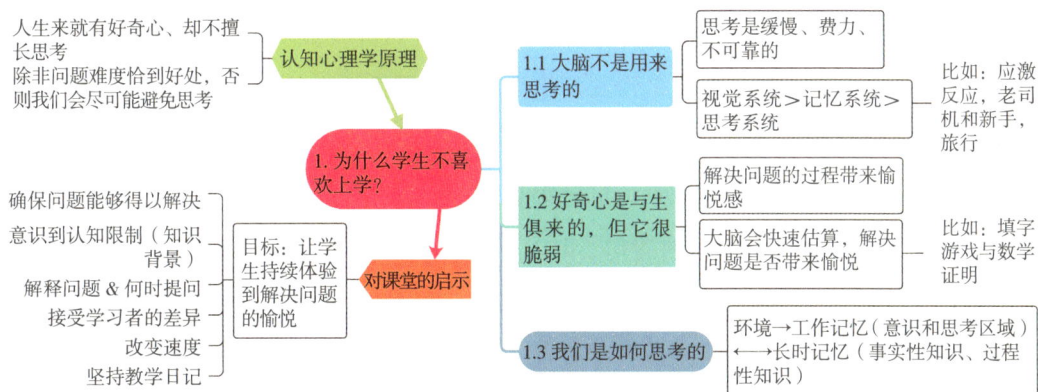

思维导图是思维逻辑结构的构建工具，也是记忆激发器。之所以有效是因为它动态的形状和形式。它根据我们通常的思维习惯绘制，可以促使大脑快速、高效、自然地工作。

对于收集和整理信息，思维导图可以帮助你识别下列各种资料中的关键词和关键事实：

- 参考书、教科书、一手资料和二手资料。
- 讲义、辅导手册、课程笔记、研究资料。
- 来自你自己大脑的信息与灵感。

⊙ 提示

思维导图特别适用于阅读、复习、笔记和备考；更擅长于帮助你高效地管理信息，提升成功概率；还可以在计划中带给你自信感，使你有信心实现你的目标，而且始终在努力达到目标。

叶脉或树枝，其实也就是自然的"思维导图"。自然世界也是在不断变化和更新的，也有一个类似我们的沟通结构。所以东尼·博赞认为，思维导图利用的就是这些自然结构的灵感和效率。

有效理解思维导图，有必要进一步了解大脑思考和记忆信息的方式。

6.4.2 线性思维与发散性思维

因为我们说的和写的都是句子，所以我们就想当然地认为思想和信息的储存方式也是线性的或像表单一样，这是一种狭隘的看法。与这种看法相关，学习者在传统上被鼓励用"短语、句子加符号"的形式记笔记、整理信息。

这种"线性思维"方法的局限性在于，你花费很多时间才能够接触到问题的核心，你听、说、读、写了大量对于长期记忆毫无必要的信息。

实际上，大脑在听到一系列的句子时，并不是一个字一个字地吸收信息，而是把信息作为一个整体来吸收、分类、理解，并且以多种方式反馈。你的大脑处理信息的速度远比你写字的速度快，这也是很多学习者"记课堂笔记跟不上速度"的实际原因。

大脑不是以线性和单调方式思考的，而是以关键词和关键图像为中心触发点，朝着多个方向同时思考，这也就是我们所说的"发散性思维"。发散性思维正是高效学习和工作技巧的前提。

　　思维就像树枝、叶脉一样向外发散，或者像源自心脏的血管一样向外发散。同样，思维导图起始于一个中心概念，向外发散，接收细节信息，它反映了大脑的活动。

学习活动

　　发散性思维练习。完成一幅微型思维导图，表现"幸福"这一概念。

　　a. 首先画一个中心图像代表你的"幸福"。

　　b. 然后想象代表"幸福"的图像，在周围的分支上写下 10 个联想的关键词，从中心发散出来。

　　一定要把进入脑海的第一批词语写下来，这一点很重要，不要管这些词语有多荒唐。不要自我检查，也不要停顿下来思考。

　　c. 如果你发现很容易想起 10 个以上的词语，那么就再增加一些分支。

提示

　　一旦你的大脑开始在词语的层面上"自由联想"，那么它就会不断联想下去。这很像是在互联网上跟随链接，你在不自觉中会发现更多的链接。

6.4.3　如何准备思维导图

思维导图是一个人在"纸面"上的思想旅行，像任何旅行一样，它也需要事先做一些计划。

1. 成功的目标

制作思维导图的第一步是确定你要走向哪里：

• 你的目标或前景是什么？

• 构成目标的次级目标和类别是什么？

• 你正在规划一个学习项目吗？

• 你在努力思考一篇文章的主题吗？

• 你需要为未来的一个讲座记笔记吗？

• 你正在规划整个学期的一门课程吗？

做出这样的决定是很重要的，因为成功的思维导图需要有一个中心图像来表现你的目标，而第一步应该是在思维导图的中央画一个图像，代表成功的目标。

2. 基本分类概念

思维导图是各个"节点"组合而成的一定的结构。所以，你需要先确定这些节点是什么，也就是基本分类概念（Basic Ordering Ideas，BOIs）。

就像是教材章节的标题一样，代表着那几页书的主题内容。基本分类概念（BOIs）就思想的章节标题，代表最简单、最明显的各类信息的关键词或图像。这些词语可以自动吸引你的大脑去产生最大数量的联想。

如果你不确定自己的 BOIs 应该是什么，那么就问自己下面一些简单的问题，它们都与你的"成功的目标"有关：

• 达到我的目标需要什么样的知识？

• 如果这是一本书，那么它的章节标题应该是什么？

• 我的具体目标是什么？

• 在这一学科领域，7 个最重要的门类是什么？

• 对于我最基本的 7 个问题（为什么？什么？哪里？谁？如何？哪个？什么时候？），其答案是什么？

• 是否有一个更大的类别更恰当地包含这一切？

比如，我的思维导图的"成功的目标"是"美好生活计划"，那么可能要包含下列 BOIs：

个人经历（过去、现在、未来）；优点、弱点、喜欢、反感；家庭、朋友；兴趣、爱好、情感；工作、责任、成就、长期目标……

🔑 **要点**

尽力周全地确认 BOIs：

• 主要的概念都被放在了适当的位置，那么次要的概念就可以轻松地跟上，自然地流动。

• BOIs 有助于形成、整理和构造思维导图，使思维能够以自然和有序的方式进行。

• 开始绘制思维导图之前，你在确定第一批 BOIs 的时候，其他的概念也会以更流畅和实用的方式出现。

BOIs 都是以"关键词"或"关键图像"的形式来呈现。

需要注意的是，这里的"关键"一词的意思不仅仅指"重要"。它放在"词""图像"之前，还表明这是一个"记忆的关键"，是刺激大脑和追寻记忆的一个至关重要的激发器。

关键词是挑选出来或创造出来的特殊词语，它是你希望记住的重要事物的独特参照点。词语刺激的是你大脑的左半球，是掌握记忆的重要因素，但是它们没有图像力量强大。

如果你肯花费时间把词语转化为图像的话，一个有效的关键图像会刺激大脑的两个半球，而且会调动你的各种感官。在心理学实验中，科学家让一群人以每秒一张的速度看 600 张图片，随后立即接受回忆测验，回忆的准确率高达 98%。人类的大脑记忆图像比记忆文字更容易些，所以我们鼓励思维导图的"目标"主题要用图像来表示，BOIs 也可以使用图像。

关键词和关键图像都很重要。

大脑的主要语言既不是口头的话语，也不是书面的文字。大脑通过你的感官在图像、颜色、关键词和思想之间为创建联系而工作，也就是想象和联想。

我们都喜欢看那些让我们感觉舒服的人和事。为了使你的思维导图成为你喜欢看的东西，并且还想回头参考，那么它就需要：

• 积极地表现事件或计划。

• 看上去有吸引力。

包含这些重要因素的"思维导图"，可以促使大脑以更加具有创意的方式，去联想、联系和连接你的想法、梦和理想,超越任何形式的"笔记"。

6.4.4 如何绘制思维导图

1. 手绘思维导图

如果你习惯于纸质笔记本或者活页纸,你可以这样做:

• 最好准备几支彩色笔。色彩会唤醒你的大脑,激发记忆力和创造力;色彩单一会使大脑感到单调,容易瞌睡。

• 把一张纸横向放在你的面前,目的是着手从纸的中央开始创作你的思维导图。这可以让你自由地表达,不受页面狭隘空间的限制。

• 在空白纸的中央画一个图像代表你的目标或你想解决的问题。这个关键图像是用来激发你的想象力,启动你的思维的,不要担心自己画不好,美观与否不是最重要的。

• 从一开始就用色彩来突出重点、创造结构、激发创造力,以及刺激视觉流动和强化图像在头脑中的印象。总体上至少使用 3 种颜色,颜色可以分层次使用,也可以分主题使用,还可以用于强调某些要点。形成用色规律,也就是你自己的颜色编码系统。

• 现在画一些从中央图像向外发散的粗线条。这些线条是思维导图的主要分支,就像粗大的树枝一样,它们将支撑你的思想。

• 可以使用弯曲的线条,因为它们看上去比直线更有趣味,也更容易记忆;也可以使用箭头,不仅引导你的眼睛把事物连接在一起,还暗示着运动,运动对于有效记忆和回忆非常有帮助。

• 在每个分支上写一个与主题相关的关键词,也可以让分支线条末端指向一个关键词或者关键图像。这些是你的基本分类概念(BOIs),与主题紧密相关。

记住,每条线上只写一个关键词,明确你要探讨问题的本质,使联想更加突出地存入你的大脑。短语和句子会限制你的思维,使记忆混乱。

• 在思维导图上留出一些空白分支。你的大脑会想在上面放一些东西。

• 画到这里,针对某个 BOIs 关键词或者关键图像,你应该已经有所联想。跟随你的想法,为你主分支绘制二级和三级分支。二级分支与主分支相连接,三级分支与二级分支相连接……,以此类推。在这一过程中,联想就是一切。

• 各级、各分支的字号、线条和图像的大小要有变化,给人以层次感,表明事物的相对重要性。图像和文字可以立体、加粗……，使其"凸显"出来，更容易被记住。

• 文字简洁，书写工整，使字形较为固定，更易于让大脑"拍照"和保存。

• 使用钩、叉、圆圈、三角、下划线等等符号，在思维导图的各个部分之间快速建立联系，不管这几个部分在纸上看起来有多远。

2. 利用思维导图软件

思维导图软件一般都可以智能化地引导你从"目标主题"开始，一步步完成你的思维导图，基本可以实现手绘思维导图的一切。

随着移动互联网的发展，市面上涌现出许许多多优秀的思维导图 APP。除了提供丰富的布局、样式、主题及颜色选择，这些软件还提供跨平台使用、云端同步、多人协作等等功能，且能导入、导出多种图像格式，为用户留足了创造空间。

思维导图 APP 很大程度上简化了"绘图"，使你更专注于"思维"。绘制能激发无限想象，既漂亮又极具个人风格的思维导图，已经变得非常简单。

因为开发者的不同，各类 APP 或多或少存在差异性，以下是几款国产思维导图 APP 的比较。

软件	MindMaster	MindLine	MarginNote	XMind
图标				
支持	全平台	Android/iOS Mac/Win	iOS/Mac	Android/iOS Mac/Win/Lin
特点	功能完善 主题样式丰富 云端同步 多人协作 导入导出便捷	轻量型应用 颜色鲜明 布局简洁 适合入门	适合读书笔记 可以划重点 可以做批注 文本转脑图	功能全面 界面美观 添加主题便捷 绘图模型丰富 支持 iCloud
局限	没有小程序	导出不便，偶尔会丢失图标	手机上使用不够便捷，不能全平台使用	跨平台储存较麻烦

以下是用 MindMaster 绘制的关于本手册的思维导图：

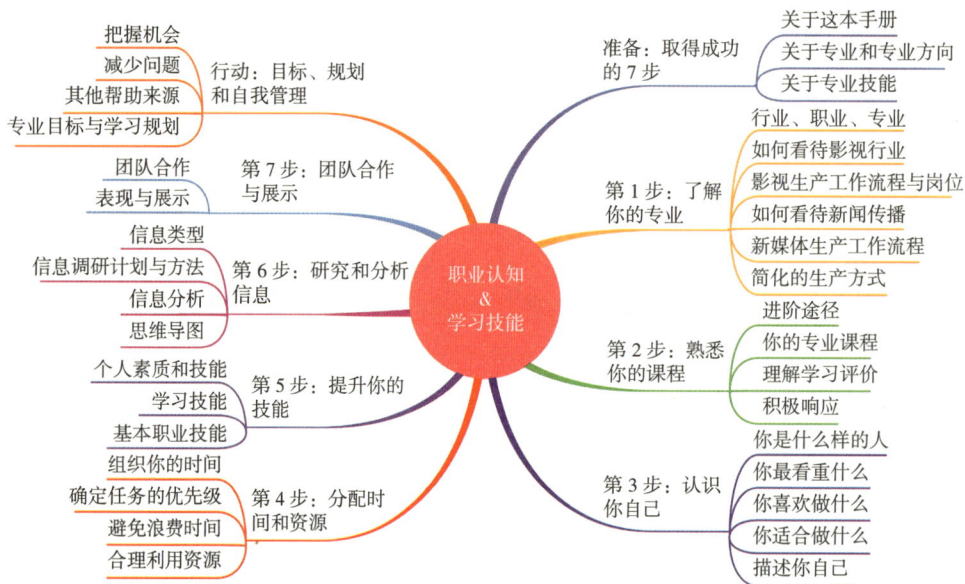

研究和分析信息，是为了给计划和行动提供支持和依据。

无论是手绘还是利用 APP，你所完成的思维导图既是一幅反映你思想的图画，又是准备于行动方案的第一个阶段。通过为思维导图的每个分支编号，就可以十分轻松地为你的主题和任务按照重要性排序。

把最主要的学习点或工作编号为 1，接下来把第二重要的编号为 2，然后编出 3、4 号等等。

把思想转化为行动吧！

🌀 学习活动

1. 小组合作，选取一个主题（或由你的指导教师指定主题），就剧本创作、专题报道、设计方案、推广策划方案……展开讨论，试着手绘一张思维导图（发散性的）简图。

2. 选择一款适合你或者你喜欢的思维导图 APP，试着使用并尽快熟练掌握它。

a. 你选择的是：

b. 目前你已经掌握的程度是：

难以掌握	基本会了	较熟练掌握

3. 利用思维导图 APP，独立完成现阶段你正在学习的一门专业课程的思维导图（总结性的），具体方法自定。

第7步 团队合作与展示

案例

工作团队

一家传媒公司的网页设计团队包括一位即将离任的部门经理，一位与客户保持联系的客户经理，一名创意设计师和一名网页开发人员。在部门经理因举家搬迁而离职之前，这个团队一直被认为是成功的。

公司任命了一位以前在财务部门工作过的新经理领导这个团队。一个月之后，团队开始出现项目逾期不能交付的情况，而客户经理向公司抱怨说，有些长期客户对设计制作水平下降也表示了不满。

公司管理层对这些情况非常关注，他们已经与团队中的每个成员进行了交谈。得出的结论是，网页设计团队员工不尊重新经理，因为他似乎并不尊重他们的技能和团队的工作方式。

创意设计师觉得新经理只对完成工作的速度感兴趣，这对创意设计过程没有任何帮助。

客户经理和创意设计师都认为他们应该得到晋升，因此两个人都变得非常有竞争欲望，已经公开批评新经理，也互相指责。

网页开发人员认为他以前是整个团队的重要一员，因为前经理定期举行团队工作会议，每个人都可以提出想法并提供反馈意见。他认为新经理只是将他视为生产线的终点、一个技术支持而已。

这个案例显示了团队凝聚力和强大领导力的重要性，以及失去团队精神所带来的困难处境。所有团队成员必须拥有一个共同的目标并互相尊重，这一点很重要。

反思

思考其他的对于成功团队至关重要的条件。你认为要成为一个好的团队成员，需要具备哪些人际交往能力？而作为团队领导者又应当具有哪些能力？

传媒是个合作的行业。所有的新闻传播项目都是团队合作完成的，无论大小；所有的传媒产品，甚至文化产品都是团队合作的成果，无论体裁、题材与发布平台。

首先，你应该充分理解小组或团队的工作方式，以及为什么良好的团队合作至关重要。在私人生活中，你可以选择自己的朋友；而在工作中，无论是否喜欢，你都会与许多人一起工作、达成目标而获得报酬。团队合作也适用于大学学习，尤其是新闻传播类专业学习。希望到现在，你已经不再希望在每个项目中只与最好的朋友一起工作。

你可能并不喜欢团队中的每一个人，但是你仍然应该保持愉快的心情且善于合作，无论你是与合作伙伴一起创业还是从业于大型制作团队。

你可能是小组组长，无论你是自愿还是被指定的。这可能令你兴奋，激发你的灵感，或使你感到恐慌。你不会在一夜之间练就领导者技能，但是如果你了解这方面的基本知识，定会有所帮助。

7.1 团队合作

如果你曾经或已经有一份兼职工作，那么你或多或少拥有团队工作的经验。在学校里，在专业学习中，你的学习小组就是团队合作的例子。

所有工作组（团队）都有一些共同的特点：

- 做同样的工作，尽管在工作场所你可能扮演不同的角色或承担各种职责。

- 有组长或团队主管。

- 有充分而必要的一起工作的原因。比如，学习相同的专业，或处理某一共同领域一个人无法独自完成的工作。

- 团队成员以某种方式相互依赖。在工作推进中，如果有人不在，你可能不得不承担他们的工作量。

- 成员均专注于自己的工作。

- 团队有一个成员共同实现的具体目标，这比单个团队成员的目标重要，团队的成功就意味着所有成员的成功。

提示

了解小组和团队的运作方式，将帮助你成为更好的团队工作人员和团队领导者。

在媒体融合发展的新传播时代，传媒行业的各个领域，都依赖高效的团队合作。以下是团队的特征：

- 团队目标比任何个人目标都重要。
- 团队成员具有互补的技能，因此团队可以实现的比单独工作的个人可以实现的更多。
- 分配工作以发挥每个人的长处和才能。
- 团队成员互相给予鼓励和支持。
- 实现目标是集体责任。
- 优秀的团队领导者将起到促进和激励的作用，并提供实际的支持和指导。

要点

- 团队合作有很多好处。其中包括相互支持、工作陪伴和思想交流。
- 许多专业课程的学生任务，都将要求你与其他人合作完成。
- 学习成为团队领导者并不容易。团队领导者应该公平、一致、愉快地工作，并且关注和满足于团队成员的需求。

团队合作有很多好处。团队成员可以互相学习，并可以利用他们的技能更快更好地完成工作。与他人一起工作通常也比单独工作更有趣。

提示

专注于任务而不是个性，这是学习的第一步！对可能与你观点不同的人，更要善于与他们一起工作。

学习活动

1.明确团队合作在你的专业领域中的作用，列出你认为会对团队合作成功有所贡献的因素。

你的团队合作经历（比如合作学习、活动、兼职……）	
你在以上团队中所起的作用	
以上经历带给你的体会或经验	
就你的了解，我们后续的学习中哪些课程或学习任务是需要团队合作完成的	
团队合作在本专业那些方向或相关工作中影响巨大	

2. 完成上表后，就以上问题，与你的学习小组交流和讨论一下。

7.1.1　做个优秀的团队成员

每个人都希望自己的合作者有才能、积极、开朗和充满活力。如果你想成为优秀的团队成员，这些是需要重点关注的领域：

•责任心

无论是学习、工作还是生活中，每个人都承担着一定的责任。如果硬把自己应当承担的责任推给别人，只会让自己的压力越来越大。应该你负责的事情，就必须自己做，而且尽力做到更好。在团队中你享有多少"权力""利益"，就要负起多少责任，这两者是对等的。

•同理心

我们每个人都有自己的立场、观点、想法，也习惯于本身的领域当中，因此经常会忘记别人也有自己的立场、自己的观点和处境。合作是多方的事情，在做任何事情之前试着考虑合作者的立场，照顾同伴的感受，合作起来自然就容易多了。

•你的社交技巧

保持彬彬有礼，按你希望他人对待你的方式去对待他人，在需要时说"请"，并记得感谢帮助你的人。懂得欣赏和鼓励他人，对你的合作者表达尊重，适时地赞美和鼓励你的同伴，他们将更愿意与你交流。

• 你的气质

能够接受和面对人们对你有不同的看法和意见，如果有人不同意你的意见，那并非冒犯，而只是意味着他和你一样有自己的见解。如果你现在还不太能控制自己的脾气，那么在说出可能会后悔的话之前，先学会走开。

• 你的沟通技巧，包括说话和倾听

练习清楚、准确、简洁地说出你的意思，并提供充分的理由来证明你观点的合理性。在你讲话之前，让人们说完他们的话而不要打扰甚至打断。开口前三思而后行，以免引起不愉快，永远不要对人叫喊。如果你无意中这样做了，那么真诚地表示歉意，并尽量避免再次发生。

• 你的承诺

始终信守诺言，切勿在任何信任甚至依赖你的人面前放任自己。即使你不完全同意团队做出的决定，也要始终尽一份力，完成好自己的工作。及时告诉团队你这里是否有问题，以便有时间解决。在与他人的交谈、交往中始终忠于自己的团队。

🔘 学习活动

一个好的团队都需要哪些类型的成员？

来自《福布斯》的杰西卡·哈吉（Jessica Hagy）说，你的周围需要这 6 种人：

• 怂恿者

怂恿者，是那种会推动你，让你思考的人。他会一直地让你有动力早起做事，尝试并将事情变为可能。你会希望这个人充满活力并保持热情。这是灵感之声。

• 支持者

他是一个大粉丝，一个强有力的支持者，并且还是一个为你和你的工作进行狂热传播的人。让他得到奖励，持续让他们参与。这是动力之声。

• 怀疑者

他是魔鬼的代言人，常常会指出一些尖锐的问题，还能提前发现问题。你会需要他的这种态度，因为他们常常能看到你角度以外的事，并希望你的成功会与安全同行。这是理智之声。

• 严厉者

他是让你把事情做好的爱找茬的"大声公"，也是冲动的管家，他会确保团队目标在截止日期前完成目标。这是前进之声。

> • 联结者
>
> 他会帮助你找到新的途径和新的盟友。这个人打破路障并为你找到实现魔法的方法，你需要他帮你接近你所不能接近的人和地方。这是合作之声。
>
> • 标杆
>
> 他是你可信赖的顾问、你的北极星。他是你的指导者，可以时刻提醒你。他是你心目中的权威，也是你想要赶超的那个人。你需要有所成就，乃至创造奇迹，让他为你而感到骄傲。

反思：

你是哪类型的成员？你的团队（学习小组）中有这6种成员吗？你认为你的团队（学习小组）目前最需要哪种人？

请与你的团队（学习小组）一起讨论一下。

7.1.2　成为团队领导者

在领导团队和与朋友合作之间似乎很难取得平衡。你确实需要激发和激励你的团队，但又不能过度批判。

以下是成为团队领导者要记住的重要事项：

• 以身作则。即使在压力下，也要保持愉快、稳定的情绪。

• 每个人都不一样。你的工作方式可能并不总是最好的。

• 准备好倾听，并为讨论做出积极贡献。

• 鼓励安静的团队成员参与讨论，多征求他们的意见。

• 准备好做你要别人做的任何事情。

• 记下你说过要做什么，以免忘记。

• 与人讨论，包括多种替代方案，而不是下达命令。

• 对别人的感受要敏感。他们可能有个人问题或影响其行为的问题。

• 学习"说服艺术"。

• 充当和平使者，必要时帮助人们达成一致。

• 随时为团队成员的辛勤工作或好主意喝彩。

• 承认你的错误。寻找积极的解决方案，并反思和总结经验，而不是找借口。

• 赞扬并鼓励正在努力改进的团队成员。

- 建设性地、私下地进行批评。
- 要有主见（坚定地提出你的观点），而不要在团队内展现进取心（攻击他人以捍卫自己）。

🔑 **要点**

作为学习或工作团队领导者：

- 尝试使自己保持愉快，不要对那些意外打断你的人感到不满。
- 永远不要在背后议论团队成员。
- 永远不要在别人面前批评任何一位同事。与他们私下交谈，保持建设性。
- 不要"八卦"，不要夸大其词，更不能猜测或说谎。
- 没有一帆风顺，也别老想着"走自己的路"，所有领导者都会让步和变通。

📍 提

来自"安静"的团队成员。鼓励每个人都提出建议，以免你们忽略了任〔　　〕的贡献。

🕐 **学习活动**

1. 如果你是学习团队负责人，请决定如何处理以下几种困难情况。如果需要，可以与班上一位朋友或专业教师讨论你的想法。

a. 团队需要借用一台摄像机来记录今晚的学习活动，负责设备的团队成员忘了提前借出，而刚刚管理设备的老师告诉你，所有的摄像机都借出了。

b. 你的一个团队成员之前声称遇到个人问题，因此你减少了他的工作量。现在，你们发现这位成员自己完成了一部不错的短片。

c. 你的一个团队成员由于工作不认真，不参加小组会议，不断让所有人失望。

d. 两名团队成员意见不同，不愿继续合作完成任务。

e. 你的一个团队成员总是请你不要打扰他，只要能按时正确完成，别管他是如何做的。

f. 每当遇到困难或出现问题，团队成员都会互相指责，变得非常好斗。

2. 找出某位因出色的领导力而令你印象深刻的人，可以是你遇到的真实人物，也可以是虚构人物或名人。谈一谈他们的事迹对你的启发。

提示

与独立工作相比，团队合作和相互激励产生创意更快，往往带来更好的工作成果。传媒行业、创意产业均积极鼓励团队合作。

学习活动

重视每个团队成员。假设你与 A、B、C、D 共同组成五人制作团队，现在由你主持会议，讨论影片创意。

• 就在 A 几乎快讲完自己的创意时，B 打断了他的话："这个想法要不得。你不用说了，大家都知道这实现不了。所以，让下一个人说吧。"

• 在讨论中你注意到：D 总是很沉默，他几乎什么都没说；而 C 一直笑嘻嘻的，不管其他成员讲什么，他似乎都很高兴。

考虑一下，如何处理以上这几种情况。

你认为团队中的每个人在集体决策中都有发言权很重要吗？为什么？

询问你的同学，在以上这几种情况下他们会怎么做？你是否同意他们的处理方式？

7.2 表现与展示

案例

准备充分的演讲

我毕业于广播影视节目制作专业，现在一家广告公司工作。最近我第一次负责做提案演讲，向客户展示关于宣传视频的创意。

大学期间为完成专业课学习任务，我和同学合作发表过演讲，在此之前我也多次看过我公司老板向客户提案，但是这次我真的很紧张！

我担心客户不喜欢我的创意，更怕我自己讲得不好，影响了公司的业务。老板告诉我，不管客户如何评价你的创意，并不意味着他们在批评你个人，所以放轻松。

我和同事花了两天时间完善 PowerPoint（演示文稿），我自己还准备了讲稿，设想了一些可能会被问到的问题，连续三天下班后都在排练演讲。事前的几天真的是最难熬的一段时间。

因为是老客户，他们非常友好。演讲前他们和老板在一起喝茶，我想他们可能知道我很紧张，但他们也没说什么。

我向客户提出了三个创意构想。当我介绍第一个创意时，他们并没有说太多意见，我觉得他们可能不喜欢。他们针对第二个创意问了很多问题，并且对故事相当感兴趣。当我讲完第三个，他们要求再看下第二个创意，这时我就知道第二个创意提案通过了，瞬间轻松了很多。

提案会后，老板说他一直对我有信心。不管怎样，真的很高兴完成了这个任务。

反思

为完成专业学习任务，你不得不做模拟的提案演讲时，你会紧张吗？事先你会怎样准备？你还能做些什么来帮助你更自信吗？

初次的正式演讲可能会令你感到很慌张。因为这涉及多种技能，包括策划、准备和沟通等等，会考验你的团队合作、语言文字（重点是口头表达）、思维（临场应变）和信息技术使用（通常为 PowerPoint）的能力，另外你还必须在压力下保持冷静。

但是，提案或总结演讲是为未来工作做准备的绝佳实践，因此在三年专业学习中，制作 PowerPoint 和演讲展示，是常用的专业课程考查方法之一。

提示

在你做演讲时，请把握好时间，快速呈现要点、简练而有说服力地阐释，以便充分利用时间。

7.2.1　做好策划和充分准备

做好充分准备，事先排练，有助于增强你的信心，顺利完成演讲。以下几点将帮助你做到这一点：

• 如果是团队演讲，首先讨论并找出每个人的长处和短处，公平地分配工作，并充分考虑到这些优势和劣势，然后再决定每个人应该发言多长时间、谁来开场、谁介绍团队、谁最后总结等等。

• 充分考虑时间分配、资源和团队技能。简单、清晰的表达比复杂的演示更稳妥、安全。

• 如果你使用的是 PowerPoint，请避免使用多级的项目符号、复杂的列表或过多的图片，尽力使幻灯片更简洁而有趣。

• Power Point 文字精练，除非是超大屏幕，尽量避免使用字号小于 28 号的文字。

如有必要，打印提纲并分发给你的听众，一定要为自己准备一套更全面的提纲或讲稿，作为提示之用。

• 事先检查场地和设备。

• 决定穿什么，确保衣着干净和得体。

• 检查和打印你的讲稿，多读几次，试着记住内容。

• 如果是团队演讲，确定发言人的顺序，同时牢记主题。

• 讨论听众可能提出的问题，以及如何回答这些问题。

• 事先排练，检查你对时间的把握。

提示

多次排练可以让你的陈述很流利，至少要做到，只是瞥一眼讲稿或 PPT，就可以提示自己下一个要点。如果你准备很充分，你甚至会很享受做演讲的过程。

🌀 学习活动

阅读以下方框中的内容并回答问题。如果可能，与班上的同学比较一下你们的想法。

> 杰玛愤怒地环顾四周。她是组长，她的团队正在为毕业设计提案合作演讲作最后排练，然而现在看来准备工作没有哪一点是令人满意的。
>
> 阿玛亚似乎认为这很好玩："老实说，杰玛，你为什么不冷静一下呢？你知道人们一般都说，糟糕的彩排意味着我们明天会做得很好！"
>
> 杰玛瞪大了眼睛，说："嗯，我能提个建议吗，阿玛亚。"她反驳道："你为什么不能集中精力去练熟点呢？最多读个五分钟就四处闲逛，然后消失，傻笑没有用！"
>
> 她转向亚当："我原来以为你要做一个简单的动画人物模型，而不是一个一碰就垮的东西。"
>
> "但我想全方位完美地展示它。"亚当看起来很沮丧，他说话的同时，他的人偶模型又垮掉了。阿玛亚哈哈大笑，杰玛瞪了她一眼，把目光转向团队里的最后一名成员。"还有你，伊姆兰。"杰玛继续说，"你怎么连计时三分钟都做不好？我们一遍又一遍地排练演讲，每次轮到你的三分钟，你都会讲着讲着就跑题，并且一讲就是六分钟，两倍时长！超时，就是说我们讲不完，或者就是成绩扣分。你还要脱稿讲？！为了大家好，拜托你把稿子背下来，你说这有多难么？"
>
> 所有人都沉默了，没有人看着对方。亚当继续摆弄他的模型，又倒了。阿玛亚很想笑，但不敢。
>
> 伊姆兰很郁闷，发誓说再也不会说什么了。"你等着。"他想，"明天演讲我的部分会在一分钟内完成，然后看你怎么办。"

1. 确定这个演讲团队中每个成员的长处和短处。

姓名	长处	短处
杰玛		
阿玛亚		
亚当		
伊姆兰		

2. 就以上情形来看，这个团队在准备演讲方面做得对吗？

3. 你认为他们为什么有问题?

4. 如果你是杰玛的指导老师,你会给她什么建议呢?

7.2.2 自信的临场表现

案例

学习者谈演讲

大多数人最初都会对在一群人面前讲话感到不舒服,不管你是否认识这些人。以下是一些真正的学习者的体会,为完成专业课程的学习任务,他们都曾不得不做演讲。

——我曾经很怕在课堂上演讲。其实仔细想想，课堂演讲都是关于我自己的创意和作品的，而且我发现，如果我反复翻阅我自己写的讲稿，就基本能记住要讲的内容，这就更容易了，所以我的演讲通常都很顺利。

——我过去讨厌在课堂上向其他同学展示我的作品和演讲，后来当我发现他们中的大多数人和我一样对此感到紧张后，我反而没那么紧张了。

——过去我演讲很依赖道具，经常自顾自地操作，紧张得忘了设计好的环节，或者就是讲得太快了，不得不重复几遍，因为没有人听懂我在讲什么。现在，我比较成功的几次提案演讲，甚至只有几页幻灯片，没有任何其他道具，我只是比较缓慢而清楚地陈述，客户反映还不错。

——以前，我上台就慌慌张张讲得很快，多参加几次过后，我发现如果我在演讲前多准备几天，在演讲这天我会更加自信。因为内容都是我自己写的，我都记得，不用看稿子或者PPT就可以与观众进行眼神交流，注意力也更集中。

——我更愿意通过口头陈述来表达我的创意和想法。学习小组里每个人都觉得，我真的很会讲故事。我的观点甚至可以影响团队其他人，不像我的书面作品一样令人失望。

反思

对于学习任务中的演讲部分，你的体会如何？

🔑 **要点**

• 演讲前要做好充分的准备，就算你雄心勃勃，也要进行几次必要的排练。

• 演示时，首先说明你要做什么或做了什么，再解释怎么做的问题。

演讲当天，你可以有更好的表现，只要你能：

• 准时，最好稍提前到达现场

• 在观众面前平稳呼吸，尽量保持沉着

• 自信地介绍你自己，对观众微笑

• 不要照着屏幕或稿子念，更不要低头读稿

• 如果有操作演示，先解释你打算做什么，然后做，最后回顾和总结

• 在演讲结束时，讲清楚通过怎么做处理了什么问题

• 诚实地回答提问，不要夸大其词，不要用猜测作答案

• 积极回应所有反馈，这也是你优秀表现的证明

提示

抬起头，说话比正常语速慢一点，声音比平常更大一点，确保所有的听众都能听清楚。

学习活动

准备你的演讲。

介绍你的一项专业课程学习成果（作品），使用至少 5~6 张幻灯片进行演示。

必须阐明作品的主题、内容、表现方式、素材采集、制作技法、体会⋯⋯

请使用下面的空格来起草每张幻灯片的内容概述。

1.

2.

3.

4.

5.

6.

提示

进行 PowerPoint 演示时，不要只是读出幻灯片上的内容，你的听众自己都可以读懂。记住，你是一个演讲者，幻灯片只是你的提示卡，是对你的口头阐述的图文补充。

行动：目标、规划和自我管理

案例

问题与机会

我的大学开局很好，圆满完成了第一学年前几门专业课的学习任务，成绩令人满意。但是在第二学期的后半段，出了一些问题。

外出实践期间，我与同寝室的同学意见不合。返校后我不太愉快，课余时间不喜欢在宿舍，甚至不想待在学校。我感觉时间很多，于是找了一份兼职工作。因为经常往返于学校和兼职公司，没多久我就发现自己很累，白天也想睡觉。我开始迟到，后来甚至旷课。

几周后，我终于有机会和室友言归于好，但我更加担心起来。最近的两个学习任务我没有时间和精力认真完成，错过了一个团队合作拍摄微电影项目的大部分工作，我觉得我赶不上专业学习进度了，梦想似乎开始离我越来越远。

我鼓起勇气找班主任老师谈了谈。起初她似乎有点生气，但对于我的坦诚她表示了理解，给了我一些关于如何赶上学习进度的建议。虽然我浪费了一段时间，但还有机会弥补。我希望我不会再出现这样的问题，但如果有问题，我知道应该及时解决或尽快寻求帮助。

反思

如果有一个你不想让专业老师知道的问题，你知道你可以和谁谈吗？你知道学校会如何处理因个人原因而影响学习的情况吗？在校学习期间，碰到较大的困难，应当如何寻求帮助？

你的专业学习需要三年时间才能完成，在此期间你很有可能会经历一些起伏。专业上你可能会遇到一两个比其余的更难的学习任务，生活中可能会有令你分心的事情需要处理。所有这些都意味着，你并不一定总能保持最好状态。

抓住机会和管理好问题，需要你的努力和坚持，也需要一定的方法和技巧。在这一部分，我们将讨论如何把握机会与处理问题。

提示

生活并不总是一帆风顺，所以制定一个计划，抓住机会，及时处理问题才是明智的做法。

把握机会

三年专业学习中，你会有很多学习机会，并不是所有的机会都在学校里。你应该为以下各项做好准备，以最大化每个机会：

• 外出参观。通过查找、阅读相关资料，提前做好准备。参观学习时做好笔记。尽量记录完整，并整理归档保存，以备将来参考。

• 采访或讲座。问题通常可以事先设计好，提前交给被采访者或演讲者。仔细思考，你会从采访谈话或演讲中发现有用的信息。做好笔记，除非有人被指派为专职记录者。采访或演讲结束时，记得感谢被采访者或演讲者。

• 实习实训。这是专业课程的重要组成部分，比如三年级的顶岗实习，指导教师将督促你完成实习，并提示你完成必须的证明材料。顶岗实习日志，用于记录你的实习工作和体验。在前两学年的企业跟岗实训中，无论是学校统一安排还是假期自行联系的，如果可能的话，也每天花点时间作笔记、写日志，这将非常有助于思考和总结。

• 工作实践。如果你有兼职工作，请在工作中留意了解比专业课程更丰富的内容，比如团队合作、与客户打交道、成本控制、IT 技能等等。这些都是行业企业日常运营不得不解决的问题，多了解这些问题将拓宽你的知识面，提升你的通用职业能力。

• 电视、网络、新媒体和其他信息来源。媒体是一个宝贵的学习来源。请多留意与你专业相关的新闻、热门影视节目、传媒产品、有关人员、技术和设备的行业信息等等。如果你能够坚持针对学习目标，乃至未来的职业目标而浏览和收集信息，那么当相应的课程开始时，你将因为有所准备而倍感轻松。

🔄 学习活动

提前准备，是最大化提升职业技能的机会。

a. 列出你的课程中可以获得的实践学习的机会。可以咨询你的班主任，确保你已经列出了所有的机会，以便制订计划。

b. 查找网络和其他信息来源中可能与你的专业学习相关的信息，将这些信息渠道保存下来。

c. 明确你将要学习的每门专业课程的内容，确定你在开课之初就明确了对应的学习任务要求。

减少问题

希望你在学习过程中遇到的问题都是容易解决的，比如，努力与团队中的某个人一起找到大家都可接受的工作方法。

你应该已经知道该和谁商讨并解决这些问题，如果这个人恰好不在，或者你更愿意和别人谈，那也行。如果是专业问题已经影响到你的学习和工作，及时去找你的班主任或专业老师商议将是明智的选择。学习者热衷于解决问题，推进自己的学习，是值得鼓励的，所以你的老师们一定乐于给予你帮助和指导。

📍 **提示**

如果你感觉面临严重的问题，千万不要回避或拖延。与人交流、寻求帮助是解决问题的第一步。请尽快与你的辅导员谈谈，或者向你喜欢和信任的专业老师反映。

其他帮助来源

如果你有一个更严重的个人问题，熟悉以下内容一定会有所帮助：

• 专业咨询。学院提供一些专业的咨询服务，比如心理疏导、就业指导等。在这些咨询过程中，你所说的任何内容都不会在未经你允许的情况下向他人提及。

• 投诉程序。如果你有关于学习的抱怨，第一步是和你的老师谈谈。如果解决不了问题，可以通过正式的学生投诉程序向学院反映。但请注意，这些程序仅用于严重问题，而不是学习中个人的小困难，更不是宣泄情绪。

• 查询程序。如果你对课程的最终成绩有疑问，请检查评分标准，并请主讲教师解释该成绩是如何授予的。如果你仍然不开心，请咨询你的班主任。如果你仍然不同意，你有权向学院教务管理部门提出正式查询。

• 纪律程序。当学习者总是藐视规则，达到一定程度时就会启动纪律程序。比如，从累计大量的"旷课"或者"不及格"发展到"学业警示"再到"退学"。希望你永远别犯这些低级错误，如果是无心之过，听从劝告、诚实面对、迅速道歉和及时改正总是最明智的行动。

提示

了解学校、学院处理重要问题（如纪律事项、查询和投诉）的程序非常重要。

要点

• 尽量不要错过外出参观、采访或讲座、实习实训、工作实践，以及在线学习所提供的一切学习机会。

• 如果你有困难或疑虑，请立即与你的专业老师、班主任、辅导员或其他合适的人交流并寻求解决，以尽力确保你的学习和生活不受影响。

学习活动

1. 如果你有一个严重的问题，请确保你知道如何应对。

a. 了解学院提供的咨询服务，以便你知道在危机中应当找谁交流，以及如果此人缺席，应该联系谁。记下联系方式。

b. 了解学校、学院的问题处理程序，熟悉相关规则。简要列出。

2.知道出现问题时该怎么做。

知道如何反应，如果有问题知道去哪里找谁，这真的很重要。你对下表中这些问题有何反应？如果你需要找人讨论或寻求帮助，你是否知道该怎么做？

问题	你会如何反应？你会去哪里寻求帮助？
你不明白为什么这门课自己得了低分	
已经临近最后期限，你估计自己完不成这个学习任务所要求的作品	
你需要他人帮助，才能完成学习任务所规定的工作	
部分同学有专门的设备，比如自己的数码相机、数位板或笔记本电脑，而你的经济条件负担不起	
勉强支付了上大学的费用，生活困难	
你发现，你的一个同学正面临学习或生活上的重大问题	
你选择了广播影视节目制作专业，但经过两个月学习，你真的认为你应该选择影视动画专业	

专业目标与学习规划

学习活动

在新的学习阶段开始时，就未来从事影视、动画、动漫、游戏美术或网络传媒等等工作，考虑一下哪些选择是可行的。专业课程中的所有的学习任务都有助于你的技能提升并取得实践经验，而清楚认识你未来的目标将更有助于保持你的积极性。

比如，三年之后（或者五年之后）你希望做什么工作？你打算如何实现这一目标？在此过程中，你需要掌握哪些实用的技术技能？随着你在学习和实训中的进步，你的职业抱负（专业方向及职业规划）会改变吗？

制订行动计划，探索传媒产业领域可选择的职业范围及其成功途径。你可以采用文字、行动路线图、时间计划表、思维导图等等形式，在下面的空白上呈现你的计划，也可以另附页。

我的职业理想与专业学习行动计划

希望在你的学习进程中，本手册将是一个有价值的伙伴。

• 通过学习活动提高你对职业、专业和课程的理解。

• 就如何应对学习评价、提升学习效果提供建议。

• 许多易于理解和掌握的提示和方法，助你进阶。

• 适合你的更佳学习方式，确保自己在专业学习中有更大收获。

• 不限于专业技能，更涉及个性、学习和思维能力，以及基本职业技能提升。

更希望你的意见和建议，有助于改进和完善这本手册。

祝你成功。

参考文献

［1］戈尔茨坦 . 认知心理学：心智、研究与你的生活［M］. 张明，等译 . 北京：中国轻工业出版社，2015.

［2］洛林·W. 安德森，戴维·R. 克拉思沃尔，彼得·W. 艾拉沙恩，等译 . 布卢姆教育目标分类学：分类学视野下的学与教及其测评［M］. 蒋小平，罗晶晶，张琴美译 . 外语教学与研究出版社，2009.

［3］东尼·博赞 . 博赞学习技巧［M］. 丁大刚，张相芬，译 . 北京：中信出版社，2009.

［4］汤锐华 . 大学生职业规划与发展：职业规划与职业素养［M］. 北京：高等教育出版社，2018.

［5］王军，丁汉青 . 理想与现实的差异：新闻从业者职业认知危机的现状及其影响效果研究［J］. 新闻大学，2021（03）：62-75+119-120.

［6］古湘渝 . 新媒体环境下新闻生产的变革研究——以澎湃新闻为例［J］. 新闻研究导刊，2021，12（04）：60-61.